www.ingramcontent.com/pod-product-compliance
Lightning Source LLC
LaVergne TN
LVHW012113070526
838202LV00056B/5711

ٹی وی ڈرامے

آفاق احمد

© Aafaq Ahmad
TV Dramey *(Dramas)*
by: Aafaq Ahmad
Edition: January '2025
Publisher :
Taemeer Publications LLC (Michigan, USA / Hyderabad, India)

ISBN 978-81-19022-63-2

مصنف یا ناشر کی پیشگی اجازت کے بغیر اس کتاب کا کوئی بھی حصہ کسی بھی شکل میں بشمول ویب سائٹ پر اَپ لوڈنگ کے لیے استعمال نہ کیا جائے۔ نیز اس کتاب پر کسی بھی قسم کے تنازع کو نمٹانے کا اختیار صرف حیدرآباد (تلنگانہ) کی عدلیہ کو ہو گا۔

© آفاق احمد

کتاب	:	ٹی۔وی ڈرامے
مصنف	:	آفاق احمد
صنف	:	ڈراما
ناشر	:	تعمیر پبلی کیشنز (حیدرآباد، انڈیا)
سالِ اشاعت	:	۲۰۲۵ء
صفحات	:	۱۳۲
سرورق ڈیزائن	:	تعمیر ویب ڈیزائن

انتساب

محترم اے، ایس گریوال (کنٹرولر آف پروگرامس دوردرشن)
(نئی دہلی)

کے نام...

جن کی ہمت افزائی اور بے لاگ تنقید نے

مجھے کافی روشنی دی

آفاق احمد

ترتیب

(۱) پیش لفظ۔ منظر امام ڈائریکٹر دوردرشن کیندر، سری نگر
(۲) وہ بہت اکیلی تھی
(۳) کہیں دور
(۴) کھلونے

پیش لفظ

آفاق احمد کی دلچسپیاں مختلف النوع ہیں۔ وہ بہ اک وقت، ڈرامہ نگار شاعر اور افسانہ نویس ہی نہیں بلکہ اسپورٹس کے ایک مبصر اور کمنٹیٹر بھی ہیں ان کا اشہب قلم ادب کے مختلف میدانوں میں اپنے جوہر دکھاتا ہے۔ کھیلوں اور کھلاڑیوں کے بارے میں ان کے پاس معلومات کا خزانہ ہے اور ان کے تعلق سے وہ ایک چلتی پھرتی انسائیکلوپیڈیا ہیں۔

آفاق احمد بڑی فعال شخصیت کے مالک ہیں... وہ سائنس کے گریجویٹ ہوئے، پھر انگریزی ادبیات میں ایم' اے کیا... عرصے سے سری نگر کے ریجنل انجینیرنگ کالج میں انگریزی کے استاد ہیں، ان کے شاگردوں، عزیزوں اور دوستوں کا حلقہ بھی بہت وسیع ہے... وہ ہر لمحہ اپنے آپ کو جسمانی یا ذہنی طور پر مشغول رکھتے ہیں... ابھی وہ آپ سے باتیں کر رہے ہیں، اچانک وہ اپنے مرغوب پکوان تیار کرنے میں لگ جائیں گے۔ آپ کو بھی شریک طعام کریں گے، پھر آپ سے معذرت چاہیں گے، ریڈیو اسٹیشن جاکر ایک گفتگو ریکارڈ کرائیں گے اور وہاں سے فارغ ہو کر ٹیلی ویژن کے کھیل اور کھلاڑی پروگرام میں کھیلوں پر تبصرہ کرنے حاضر ہو جائیں گے... آدھی رات تک دو الگ الگ ڈرامے لکھ جائیں گے... ایک ریڈیو کے لئے ایک ٹیلی ویژن کے لئے۔ اس دوران کوئی غزل بھی تیار ہو جائے گی اور ممکن ہوا تو کوئی

تنقیدی مضمون بھی۔

انتھک کام کرنے کی صلاحیت نے آفاق احمد کی شخصیت کو قابل رشک اور محترم بنا دیا ہے۔ آفاق احمد کے افسانوں کے دو مجموعے "تنہائی سے تماشہ تک" اور "آخری اسکور" شائع ہو چکے ہیں... ان کے ریڈیو ڈراموں کا ایک مجموعہ "تین ڈرامے" کے نام سے منظر عام پر آچکا ہے۔ انکے چھ اسٹیج ڈراموں پر مشتمل ایک کتاب "تاریخی ڈرامے" بھی چھپ چکی ہے... ان کے اسٹیج ڈراموں کے دو اور مجموعے زیر اشاعت ہیں... کلام کا ایک مجموعہ بھی ترتیب کے آخری مراحل میں ہے۔

یہاں آفاق احمد کی شخصیت یا ان کی ادبی سرگرمیوں کے مختلف پہلوؤں کا جائزہ لینا مقصود نہیں، لیکن چوں کہ زیر نظر مجموعہ ٹیلی ویژن ڈراموں پر مشتمل ہے، اس لئے بحیثیت ڈرامہ نگار مختصراً ان کا تعارف کرانا غیر مناسب نہ ہوگا... آفاق احمد نے سنہ ۶۲ء میں چینی حملے کے دوران ریڈیو کشمیر سری نگر کے لئے روزانہ ایک فیچر لکھنا شروع کیا جو دراصل ڈرامہ نگاری کی طرف ان کا پہلا قدم تھا۔ انھیں دنوں انھوں نے ایک باقاعدہ مکمل ڈرامہ "نہی والی" لکھا جو ریڈیو کشمیر کے "جشن تمثیل" میں شامل ہوا اور بے حد پسند کیا گیا.. آفاق احمد اس کے بعد سے اب تک تقریباً پچاس ریڈیو ڈرامے لکھ چکے ہیں جنھیں عوامی مقبولیت سے سرفراز ہونے کا فخر حاصل ہے۔

ٹی وی ڈرامہ، ریڈیو اور اسٹیج ڈراموں سے مختلف ہے... اسے دونوں کا امتزاج کہنا بھی درست نہیں، ممکن ہے ریڈیو اور اسٹیج کے مطالبات سے واقفیت رکھنے والے ادیب کے لئے ٹی وی ڈرامہ لکھنا نسبتاً آسان ہو، لیکن عموماً یہ دیکھا گیا ہے کہ ریڈیو کے بعض بہت اچھے ڈرامہ نگار ٹی وی

کے لئے لکھتے ہوئے ناکام ثابت ہوئے ہیں.. آفاق احمد اس لحاظ سے خوش نصیب ہیں کہ وہ ریڈیو، ٹی وی اور اسٹیج تینوں میں یکساں طور پر کامیاب رہے ہیں۔

میرا خیال ہے ٹیلی ویژن کے لئے ڈرامہ لکھنا ریڈیو اور اسٹیج کے لئے لکھنے سے زیادہ مشکل ہے... ریڈیو اور اسٹیج پر شاعری اور لفاظی سے بہت کچھ کام نکالا جا سکتا ہے، لیکن ٹی، وی کے مطالبات کچھ زیادہ سخت ہیں اس کے تقاضوں اور ضرورتوں سے عہدہ برآ ہونا ہر ڈرامہ نگار کے بس کی بات نہیں... یوں بھی ٹی، وی ایک نیا میڈیم ہے اور ہمارے ڈرامہ لکھنے والے ٹی، وی ڈرامے کی ضرورتوں سے پوری طرح آگاہ نہیں ہیں۔

ٹی، وی ڈرامہ، ریڈیو ڈرامے پر تیزی سے اثر انداز ہو رہا ہے... ریڈیو ڈرامہ سماعی ہے اور ٹی، وی ڈرامہ بصری اور سماعی دونوں... ریڈیو ڈرامے میں حس سماعت دوسرے حواس سے رشتہ استوار کرتی ہے... ٹی، وی ڈرامے میں چونکہ واقعات آنکھوں کے سامنے عمل پذیر ہوتے ہیں اس لئے حواس خمسہ کو بیک وقت متاثر کرتے ہیں۔

آفاق احمد ٹی، وی ڈرامے کے فنی لوازمات اور آداب سے واقف ہیں اور یہ پروڈکشن کے مطالبات کو پیش نظر رکھ کر ڈرامے تحریر کرتے ہیں سری نگر ٹیلی ویژن سینٹر کی پیدائش کے وقت سے ہی وہ اسکے پروگراموں سے وابستہ رہے ہیں... اس لئے انھیں ٹی، وی ٹیکنیک کی پیچیدگیوں اور رموز کا علم ہے انھوں نے ٹی، وی کے لئے تقریباً دس ڈرامے اور پانچ سلسلہ وار کھیل لکھے ہیں... یہ سارے ڈرامے اور سیریز سری نگر دوردرشن نے تیار کیے ہیں اور ان میں سے کئی دوسرے ٹیلی ویژن مراکز سے بھی دکھائے جا چکے

ہیں ان کے لکھے ہوئے سلسلہ وار ڈرامے "دھوپ چھاؤں" کی آٹھ قسطیں "چوراہا" کی پندرہ قسطیں "اب کیا ہے" کی اٹھائیس قسطیں "بھنور" کی بارہ قسطیں اور "اپنے اجنبی" کی دس قسطیں پیش کی گئی ہیں۔ ان میں سے "بھنور" دوردرشن سری نگر سے پیش ہونے والا پہلا اور اب تک آخری رنگین سیریل ہے۔ ان سب کی مقبولیت کے پیش نظر آفاق احمد ٹی، وی ڈرامہ نگار کی حیثیت سے ایک مستحکم شخصیت بن گئے ہیں۔

تین ٹی، وی ڈراموں کا یہ مجموعہ جو آپ کے سامنے ہے کئی اعتبار سے اہمیت کا حامل ہے... ایک تو یہ کہ ہندوستان میں اردو کے ٹی وی ڈراموں کا یہ پہلا مجموعہ ہے لہٰذا اس باب میں اولیت کا سہرا آفاق احمد کے سر بندھا ہے... دوسری بات یہ ہے کہ انھوں نے اپنے ہر ڈرامے میں ان لوازمات کی نشان دہی خاصی تفصیل کے ساتھ کر دی ہے جن کا لحاظ ہر ڈرامہ نگار کو کرنا چاہیے۔ نئے لکھنے والے کو خصوصاً اس سے استفادہ کا موقع ملے گا اور یہ کہنے کی ضرورت نہیں کہ ٹیلی ویژن ڈرامہ نئے لکھنے والوں کے انتظار میں ہے۔

زیر نظر مجموعے میں تین ڈرامے شامل ہیں: "وہ بہت اکیلی تھی" "کہیں دور" اور "کھلونے"۔ "وہ بہت اکیلی تھی" کا مرکزی خیال اخباروں میں آئے دن چھپنے والی خبروں سے لیا گیا ہے... جہیز ہمارے موجودہ معاشرے کی بہت بڑی لعنت ہے... اس نے کتنی نئی نویلی دلہنوں کو موت کے گھاٹ اتار دیا ہے... اس ڈرامے میں ایک نو بیاہتا دلہن سسرال والوں کے ظلم کا نشانہ بنتی ہے اسے جلا کر مار ڈالا جاتا ہے.. ایک ایماندار پولیس افسر کی انتھک جدوجہد کے بعد اس مظلوم دلھن کے قاتل اپنے

کیفرکردار کو پہنچتے ہیں... لیکن اس نوخیز دلھن کی لاش اس مذکورہ سماج کیلئے آج بھی ایک سوالیہ نشان بنی ہوئی ہے۔ یہ ڈرامہ سری نگر دوردرشن سے نہایت کامیابی کے ساتھ پیش کیا گیا تھا۔

"کہیں دور" بھی سری نگر دوردرشن سے پیش ہوکر مقبول ہوچکا ہے۔ اس ڈرامہ کا تھیم یہ ہے کہ ہمارا ملک صنعتی انقلاب سے گزرتے ہوئے ایک اَن دیکھی دوڑ کا شکار ہوگیا ہے... والدین کی خواہش ہے کہ انکا بیٹا انجینیر بنے۔ وہ یہ نہیں سوچتے کہ ذہین بیٹے کا رجحان اس طرف نہیں ہے نتیجہ یہ ہوتا ہے کہ ایک اچھا ادیب مرجاتا ہے اور اس کی جگہ ایک اوسط درجے کا انجینیر جنم لیتا ہے... اور وہ بھی اپنے اقدار کی پاسداری کے باعث خود کو آج کے معاشرے کا حصہ نہیں بنا پاتا...

تیسرے ڈرامے "کھلونے" کا موضوع خاندانی بہبود ہے جو اس دور میں ہمارے ملک کا سب سے اہم مسئلہ ہے... اس میں یہ دکھایا گیا ہے کس طرح چھوٹی چھوٹی ضرورتیں انسانی کردار کو دیمک کی طرح کھا جاتی ہیں اور ایک بڑے خاندان کی کفالت اچھے طور پر کرنے کی کوشش ایک ہنستے کھیلتے گھرانے کو برباد کردیتی ہے... یہ ڈرامہ سری نگر دوردرشن سے پیش کیا گیا اور دوسرے ٹی وی اسٹیشنوں سے بھی دکھایا گیا... اس ڈرامے کو فیملی ویلفیر فاؤنڈیشن کے زیر اہتمام ملکی سطح پر ٹی وی اسکرپٹ کے ایک مقابلے میں خصوصی انعام ملا...

آفاق احمد کے کردار حقیقی اور مکالمے فطری ہوتے ہیں... واقعات کی ترتیب میں حسن اور جامعیت ہوتی ہے... ان کے ڈراموں میں جذباتی تصادم بلند آہنگ نہیں ہوتا بلکہ زیریں سطح پر ظاہر ہوتا ہے... اس

مجموعے کے ڈرامے مصنف کے گہرے مشاہدے، سماجی بصیرت اور اس کے واضح نقطہ ونظر کا ثبوت پیش کرتے ہیں... آفاق احمد ٹی وی ڈرامے کی شاہراہ پر اپنے سفر کی ابتدائی منزلوں سے بحسن وخوبی گزر رہے ہیں... ابھی انکے سامنے ایک طویل راستہ ہے... لیکن اتنا یقین کے ساتھ کہا جاسکتا ہے کہ ٹی، وی ڈرامے کا مستقبل آفاق احمد کے محفوظ ہاتھوں میں ہے!

مظہر امام

۲۰ راگست ۱۹۸۴ء

ڈائریکٹر

دوردرشن کیندر

سری نگر

وہ بہت اکیلی تھی

کردار

۱۔ ایڈریشن (ادھیڑ عمر۔ موہنی کا باپ)
۲۔ موہنی (عمر ۲۵ سال کے لگ بھگ)
۳۔ ونود (موہنی کا شوہر۔ عمر ۲۷ سے ۳۰ تک)
۴۔ ماں (ونود کی ماں۔ تیز مزاج جاہل عورت)
۵۔ باپ (ونود کا باپ)
۶۔ انسپکٹر (نوجوان پولیس انسپکٹر)
۷۔ چاچا (ونود کا چچا۔ فطرتاً ڈرپوک)
۸۔ چاچی (ونود کی چچی)
۹۔ راجیش (ونود کا ایک دوست)
۱۰۔ اسلم (ونود کا ایک دوست)
۱۱۔ چند اور کردار جن کا کوئی مکالمہ نہیں ہے۔ دوسرے منظر میں صرف Crowd کے طور پر آتے ہیں۔

——— X ———

پہلا منظر

(ایک لمبی سی کاریڈار... جس میں کیمرہ دو پیروں کے کلوزاپ پر جو ٹھک ٹھک کی گونجتی ہوئی آواز کے ساتھ آگے بڑھتے ہوئے... وہ کاریڈار ایک دروازے پر ختم ہوتی ہے۔ کیمرہ اوپر اٹھتا ہوا... اس دروازے پر ایک نام کی تختی پر ٹھہر جاتا ہے... جس پر "ونود گپتا" تحریر ہے... چند لمحوں کا وقفہ۔ پھر آنے والے شخص کا ہاتھ بیل بجاتا ہے... چند لمحوں بعد دروازہ کھلتا ہے... اور ایک ہاتھ اندر آنے کا اشارہ کرتا ہے...

وہ پیر اندر داخل ہوتے ہوئے... ایک پردہ ہٹا کر آنے والا شخص دوسرے کمرے میں داخل ہوتا ہے... کیمرہ پھر نیچے کی طرف TILT کرتا ہوا... اور ایک نعش پر آکر ٹھہر جاتا ہے جو زمین پر پڑی ہوئی ہے... سفید چادر سے ڈھکی ہوئی... کیمرہ پھر اوپر اٹھ کر (Pam) پین کرتا ہوا... آنے والے شخص پر... جو ادھیڑ عمر کا مرد ہے... جس کی آنکھیں پتھرائی ہوئی، کھویا کھویا سا... جیسے اسے احساس ہی نہ ہو کہ وہ کس حال میں ہے... چہرے پر پسینے کے قطرے جیب سے رومال نکال کر پسینہ پونچھتا ہے... سوچتا ہے... جھکتا ہے اور نعش کے چہرے سے چادر اٹھاتا ہے... ایک بری طرح جلا ہوا چہرہ... ناقابل شناخت، بھیانک۔ چہرے کا کلوزاپ۔

وہ آدمی روتا نہیں... چہرہ ڈھک دیتا ہے... چند لمحے کھڑا رہتا ہے... چہرہ ستا ہوا... دانت پر دانت جمے ہوئے... وہ جب تک کھڑا رہتا ہے... اپنے ہاتھ کے رومال کو اس طرح مسلتا رہتا ہے جیسے ایک ہاتھ سے کپڑوں کو مسل رہا ہو... اسکے ہاتھ کا کلوز اپ... اسکے چہرے کا کلوز اپ)

(Quick Cutting)

(کبھی ہاتھ... کبھی چہرہ... اس طرح کہ الفاظ کے بغیر اس کی ذہنی کیفیت ظاہر ہو جائے... پھر وہ اچانک مڑتا ہے... تیزی سے باہر چلا جاتا ہے)

دوسرا منظر

(ایک ڈرائنگ روم کا سیٹ... جہاں کرسیاں وغیرہ پیچھے ہٹا دی گئی ہیں... سب لوگ قالین پر بیٹھے ہوئے ہیں... میاں بیوی ایک جگہ سرگوشی میں مصروف ہیں... ایک کونے میں دو دوست ہیں... وہ بھی دبی زبان سے کچھ کہہ رہے ہیں... باقی لوگ مصنوعی سوگوار چہرہ لئے خاموش سے بیٹھے ہیں... ونود کی ماں داخل ہوتی ہے... پریشان... چہرے سے بدمزاج! آکر ایک عورت کے کان میں کچھ کہتی ہے اور چلی جاتی ہے۔ کیمرہ اب اس عورت پر جس سے ونود کی ماں کچھ کہہ کر گئی تھی... وہ جھک کر اپنی برابر میں بیٹھے اپنے شوہر سے کہتی ہے)

چاچی — کم بخت خود تو مر گئی... گھر والوں کو مصیبت میں ڈال گئی

چاچا — نہیں رو پا نہیں! مرنے والے کو ایسا نہیں کہتے!

چاچی — کیسے نہ کہوں... جتنے منھ... اتنی باتیں... لوگ پتہ نہیں کیا کیا کہیں گے

چاچا — مگر ہم نے سوچا روپا... کیوں مر گئی موہنی؟

چاچی — کیا پتہ؟ ونود کے ماتا پتا تو اسے بیٹی کی طرح رکھتے تھے

چاچا — اور ونود؟

چاچی — وہ تو صورت دیکھ کر جیتا تھا... جان چھڑکتا تھا اُس پر!

چاچا — پھر کیوں آتم ہتیا کی اس نے..

چاچی — ایسی عورتوں کی بھلی چلائی... ہوگا کوئی چکر!

(کیمرہ اب اسلم اور راجیش پر... دونوں سرگوشی کرتے ہوئے)

راجیش — سمجھ میں نہیں آتا... موہنی نے ایسا کیوں کیا؟

اسلم — ارے صاف قتل کا کیس ہے... موہنی کو خود جلا کر مارا ہوگا۔ اور اب خودکشی کا کیس بنا رہے ہیں

راجیش — ارے نہیں.. صورت سے تو ایسے نہیں لگتے

اسلم — اُن کی صورتوں پر مت جانا... یہ سب جو اوپر سے گورے ہوتے ہیں۔۔ اندر سے بہت ہی کالے...

راجیش — پتہ نہیں... لالچ کی ناؤ انسان کو کس ویران جزیرے میں لے جا کر چھوڑے گی...

اسلم — میں نے سنا ہے بڑی بے زبان لڑکی تھی...

راجیش — اگر ایسا ہے تو اس کا خون رنگ لا کر رہے گا...

اسلم کسی نے پولیس کو خبر کی؟

راجیش ہو گئی ہو گی... ابھی کچھ دیر پہلے لڑکی کا باپ یہاں آیا تھا...

تیسرا منظر

(پولیس چوکی کا سیٹ.. انسپکٹر بیٹھا ہے اور اس کے سامنے ایدیش کھڑا ہے)

انسپکٹر میں آپکا درد سمجھتا ہوں... مگر آپ بیٹھ تو جائیے

ایدیش میں اگر ایک دفعہ بیٹھ گیا انسپکٹر! تو پھر کبھی نہیں اٹھ پاؤں گا!

(انسپکٹر اٹھ کر ایدیش کے کندھے پر ہاتھ رکھ کر اسے بٹھاتے ہوئے)

انسپکٹر آپ ایسی نا امیدی کی باتیں کیوں کرتے ہیں

ایدیش نا امید! (ٹھنڈی سانس) نا امید میں نہیں ہوں... ہو بھی نہیں سکتا ... کیسے ہو سکتا ہوں... ایک ہی امید کے سہارے تو جینا ہے... کب قانون کی رسی ان کے گلے میں پڑتی ہے

انسپکٹر اگر وہ مجرم ہیں تو یقین رکھئے۔ میں انھیں پاتال میں بھی نہیں چھوڑوں گا...

ایدیش ایک بچی! جس کے ابھی ہنسنے کھیلنے کے دن تھے... زندگی کی دہلیز پر ابھی قدم رکھا تھا جس نے... وہ بچی! جس نے کبھی اپنے ہاتھوں سے چراغ نہیں بجھایا... زندگی کی شمع کیسے بجھا سکتی تھی وہ

انسپکٹر میری بات مانیں گے انکل!

ایڈیش کہو بیٹے!

انسپکٹر تھوڑی دیر اگر ہو سکے تو آپ سو لیجئے... میں شام کو آپ سے ملونگا!

ایڈیش کس شام کا ذکر کر رہے ہو تم... میری زندگی اب ایک مسلسل شام ہے بیٹے!

انسپکٹر پلیز! میری خاطر!

ایڈیش (اٹھتے ہوئے) ٹھیک ہے... جاتا ہوں... (چلتا ہے... دو قدم چل کر رکتا ہے... مڑتا ہے) میری بات کہیں لکھ لو انسپکٹر! یہ موت کے سوداگر... ایک دن تمہیں بھی خرید لیں گے...

انسپکٹر (مسکراہٹ) یہ دنیا بازار سہی... مگر یہاں ہر مال بکاؤ نہیں ہے انکل!

ایڈیش وہ لوگ جو موت خرید سکتے ہیں... وہ کچھ بھی خرید سکتے ہیں...

چوتھا منظر

(کیمرہ واپس دوسرے منظر کے سیٹ پر... اب وہاں ونود کے علاوہ اس کے ماں اور باپ... چاچی بیٹھے ہیں... باقی لوگ چلے گئے ہیں... اب صوفہ کرسی وغیرہ اپنی جگہ پر... تینوں سوچ میں ڈوبے ہوئے... ونود کی ماں بڑبڑاتی ہوئی)

ماں خود تو مر گئی چھنال! مگر مرتے مرتے بھی پولیس پیچھے لگا گئی! وہ موا انسپکٹر! جب دیکھو یہیں دھرا رہتا ہے

باپ اپنی ڈیوٹی کر رہا ہے... اور دو چار چکر لگائے گا... جب مٹھی

گرم ہو جائے گی تو آرام سے کوئی اور گھر دیکھے گا۔

چاچی بھائی صاحب! جو کچھ بھی دینا ہے ... دے دلا کر ختم کرو ... میں موئے کی صورت دیکھ کر کانپ جاتی ہوں

ونود چاچی! ایسا تو مت کہو... صورت تو اس کی بہت اچھی ہے ...

ماں یہ وقت ان باتوں کا ہے... روز روز پولیس والوں کا گھر آنا ٹھیک نہیں ہے

باپ خانہ پری بھی کوئی چیز ہوتی ہے ... دو چار دفعہ تو اسکو آنا ہی پڑے گا!

چاچی میری مانو تو اسے آج کل میں ہی پیسے دے دو... ان خاکی وردی والوں کا کوئی بھروسہ نہیں... کب طوطے کی طرح آنکھیں پھیر لیں۔

ونود وہ کھانے والا نہیں لگتا!

باپ ہر آدمی کے ساتھ ایک پیٹ جڑا ہوا ہے (مسکراتے ہوئے) اور یہ پاپی پیٹ کھائے بغیر کچھ مانتا نہیں...

ماں تو پھر انتظار کس بات کا ہے...

باپ انتظار اسی کے ہاتھ کا ہے... جب بھی وہ کھلے ... ابھی کچھ دن تو وہ بھاؤ بڑھائے گا... جب کہیں آکر ٹھہر گیا تو پھر طے کر لیں گے کہ کیا دینا ہے...

چاچی ونود! جا کر دیکھ تو سہی ... تیرے چاچا ابھی تک کیوں نہیں آئے...

ونود آج کل بینکوں میں بہت کلیئر ہوتی ہے... آجائیں گے اور یوں بھی چاچی جب تک وہ چار دفعہ وہاں کھڑے ہو کر نوٹ نہیں

گن لیں گے کاؤنٹر سے نہیں ہٹیں گے ...

(چاچا داخل ہوتا ہے... چہرے سے کچھ پریشان)

ماں: بھائی صاحب! بڑی لمبی عمر ہے آپ کی... ابھی آپ ہی کا ذکر ہو رہا تھا...

(چاچا چپ رہتا ہے... پیشانی سے پسینہ پونچھتا ہے۔ سب اسکی طرف دیکھتے ہیں)

باپ: کیا بات ہے؟... پیسے گر گئے کہیں!

چاچا: پیسے جب ملے ہی نہیں تو گرتے کیسے!

ونود: (حیرت سے) ملے نہیں!! مگر کیوں؟

چاچا: اُس انسپکٹر نے ہم سب کے اکاؤنٹ سیل کرا دئیے ہیں۔ پولیس کو بتائے بغیر اب ہم کوئی پیسہ نہیں نکال سکتے!

باپ: ونود! وہ تیری سسرال سے جو پچیس ہزار آئے تھے وہ تو نے کس اکاؤنٹ میں جمع کرائے تھے...

ونود: (پریشان) اپنے ہی اکاؤنٹ میں..

باپ: سب ایک ساتھ!

ونود: ہاں!..

باپ: میں نے ہزار بار کہا ہے کہ کوئی بھی ایسی موٹی رقم ایک ساتھ بینک میں جمع کرانی نہیں چاہئے!

چاچی: کیا فرق پڑتا ہے اُس سے...

باپ: (سر اقرار میں ہلا کر) کل کو وہ انسپکٹر پوچھنے لگا کہ یہ پیسے کہاں سے آئے تو جواب تو ہمیں ہی دینا پڑے گا!

ماں (ماتھا پیٹ کر) ہائے کیسی پچھل پیری ہمارے گھر آئی تھی... چھنال نے مر کر بھی...

ونود (غصّے سے) ماں! چپ بھی رہو... ہر وقت کا کوسنا پیٹنا اچھا نہیں ہوتا!

ماں (غصّے سے اٹھتی ہے اور بڑبڑاتی ہوئی چلی جاتی ہے) سارے میری ہی جان کے لاگو ہیں... جس کو دیکھو.. غرا کر مجھ پر ہی آتا ہے

چاچا تو پھر بینک اکاؤنٹ کا کیا ہو گا...

باپ کچھ نہ کچھ تو کرنا ہی پڑے گا... ہمارے ہاتھ بھی تو پیچھے نہیں بندھے ہیں...

پانچواں منظر

(ایدیش کا گھر... ایدیش دیوان پر بیٹھا ہوا... اس کی آنکھیں خلا میں ایک طرف ٹھہری ہوئی ہیں... اسے احساس تک نہیں ہے انسپکٹر اس کے قریب کھڑا اپنے سوال کے جواب کا منتظر ہے)

انسپکٹر آپ نے میری بات کا جواب نہیں دیا...

ایدیش (چونک کر) تمہاری بات کا ایک ہی جواب ہے بیٹے! میری بیٹی تو جان سے گئی... اب تم اپنی گردن کی فکر کرو... ان کے ہاتھ بہت لمبے ہیں ـــ

انسپکٹر جس آدمی کے ہاتھ اپنے قد سے لمبے ہوں ـــــ وہ بہت

جلد کٹ جاتے ہیں...

ایڈیش کیوں پرائی آگ میں اپنے ہاتھ جلاتے ہو

انسپکٹر یہ میرا پیشہ ہے...

ایڈیش (ٹھنڈی سانس) کیا کہا تھا تم نے!

انسپکٹر موہنی کی تحریر!

ایڈیش (انگلی سے ایک میز کی طرف اشارہ کرتا ہے... کیمرہ میز پر جس پر قرینے سے کچھ کتابیں... ایک ٹیبل لیمپ... چند ڈائریاں... لکھنے کے لئے کچھ کاغذ... اور ایک فریم میں موہنی کی تصویر... میز کے ساتھ ہی کرسی) وہ میز دیکھ رہے ہو... یہیں بیٹھ کر لکھا کرتی تھی ڈائری لکھنے کا شوق تھا اُسے!

(کیمرہ واپس ایڈیش اور انسپکٹر پر)

انسپکٹر میں ڈائریاں دیکھ سکتا ہوں!

ایڈیش ضرور!

انسپکٹر (میز کی طرف بڑھتا ہے... پھر رک جاتا ہے... ایڈیش سے) انکل! اگر ان میں کوئی ایسی بات ہوئی... مثلاً ایسی بات جو آپ چاہتے ہوں وہ دوسروں کے سامنے نہ آئے تو آپ...

ایڈیش (بات کاٹ کر) میں اس سماج سے... اس دنیا سے انصاف چاہتا ہوں انسپکٹر! کوئی معاہدہ نہیں... مجھے نہیں معلوم ان ڈائریوں میں کیا لکھا ہے... آپ پڑھ لیجئے۔ پوری دنیا کو پڑھا دیجئے... مگر مجھے انصاف دلا دیجئے!

انسپکٹر میں سمجھتا ہوں... میرا مطلب تھا کہ ہر انسان کی زندگی میں چند

ایسے گوشے ضرور ہوتے ہیں جن کو وہ ریشمی الفاظ کا نقاب پہنا دیتا ہے۔

ایڈیشن (گھبرا ہوجاتا ہے) کھینچ لیجئے ہر اس ریشمی آنچل کو جو کسی حقیقت کے چہرے پر پڑا ہو ... نوچ لیجئے ہر دھجی کو۔ میرا ایک ایک پیسہ نام ... عزت ... وقار ... یہاں تک کہ میری رگوں میں بہتے ہوئے خون کا آخری قطرہ ... سب کچھ لے لو انسپکٹر! مگر مجھے کسی طرح انصاف دلا دو

انسپکٹر انصاف خیرات نہیں ہے ... بلکہ ہر انسان کا پیدائشی حق ہے

ایڈیشن آج کل تو حق بھی خیرات کی طرح ملتا ہے

انسپکٹر وقت بدل رہا ہے انکل بلا (سوچ کر) ایک خطرہ ہے ... میرا خیال ہے آپ کو اس کے لئے تیار رہنا چاہئے۔

ایڈیشن کچھ بھی ہو ... کچھ بھی ہو جائے ... اب تو ذہن ہر حادثے کے لئے تیار ہے ... تم کہتے ...

انسپکٹر بات یہ ہے کہ جب کوئی اس طرح کی بات ہو جاتی ہے تو لوگ کیچڑ بہت اچھالتے ہیں ...

ایڈیشن وہ تو سبھی کچھ کریں گے بیٹے! مگر اس سے پہلے کہ میرے سانس کا رشتہ ٹوٹ جائے ... میں اپنی بیٹی کے قاتلوں کو زندگی کی قید سے آزاد دیکھنا چاہتا ہوں

(منظر آہستہ آہستہ فیڈ آؤٹ)

چھٹا منظر

(ایک بیڈ روم... ونود ایک سنہری پر تکیہ سے کمر لگائے ہوئے لیٹا ہوا چہرے سے کچھ سے پریشان... میز پر ایک فوٹو فریم الٹا رکھا ہوا ہے... وہ ہاتھ بڑھا کر فریم اٹھاتا ہے تاثر یہ ہو کر جیسے وہ توقع کر رہا ہے اس فریم میں ایک مخصوص تصویر ہے۔ فریم کا کلوز اپ جو خالی ہے... ونود کا کلوز اپ... حیران! کیمرہ ونود کی آنکھوں پر... آنکھوں کا کلوز اپ... آہستہ آہستہ ڈزالو... اس کی آنکھیں دروازے کی طرف اٹھی ہوئی ہیں کیمرہ دروازے پر... جہاں سے موہنی مسکراتی ہوئی داخل ہوتی ہے، جس کے ہاتھ میں ایک تصویر ہے... کیمرہ جتنی دیر موہنی کے چہرے پر رہتا ہے اس فریم کو ونود ہاتھ سے رکھ کر اخبار اٹھا لیتا ہے۔ یہ اس لئے کہ جب کیمرہ واپس ونود پر آئے تو وہ خود فلیش بیک کا حصہ بن جائے... موہنی چلتی ہوئی ونود کے قریب آتی ہے جو اب اخبار پڑھ رہا ہے...)

موہنی آپ نے یہ تصویر دیکھی!

ونود (اخبار سے نظریں اٹھائے بغیر) کس کی ہے

موہنی (پاس بیٹھتے ہوئے) بوجھو تو جانیں...

ونود تمہاری اپنی تصویر ہوگی!

موہنی آپ نے کیسے اندازہ لگایا...

ونود تم جیسی تنگ نظر بیوی کسی اور لڑکی کی تصویر مجھے کیوں دکھانے لگی

موہنی آپ کو ارمان ہے کسی اور کو دیکھنے کا

ونود نہیں... ہاں... (مسکرا کر) اچھا ایک بات بتاؤ

موہنی (کچھ بے دل ہو کر تصویر میز پر ڈال دیتی ہے... مگر اس طرح کہ وہ نظر آئے کہ وہ موہنی کی تصویر ہے) پوچھئے!

ونود اگر مجھے کوئی لڑکی پسند آ گئی تو کیا تم پیار کے چند لمحے خیرات میں دو گی۔

(موہنی خاموش ہو جاتی ہے)

ونود تم نے میری بات کا جواب نہیں دیا

موہنی (ٹھنڈی سانس) کیا جواب دوں

ونود جو تمہارا دل کہے...

موہنی میں یہ خیرات نہیں دے سکتی

ونود مگر کیوں؟

موہنی اس لئے کہ پیار اعتبار سے پیدا ہوتا ہے... امید پر جیتا ہے اور خیرات پر ختم ہو جاتا ہے

ونود تمہارے اس فلسفے سے مجھے نفرت ہے

موہنی (اپنے جسم پر زیوروں کی طرف اشارہ کر کے) میرے جسم پر ٹنگے ہوئے یہ بیکار زیور... میرا خیال ہے کہ ان کے علاوہ آپ کو میری ہر چیز سے نفرت ہے

ونود زیورات (طنز سے) کہہ تو اس طرح رہی ہو جیسے کلو کے حساب سے سونا لائی ہو...

موہنی جو میرے باپ کی حیثیت تھی.. اس نے دے دیا...

ونود شریف لوگ اکلوتی بیٹی کو حیثیت سے زیادہ دیتے ہیں

موہنی شریف لوگ کبھی کچھ نہیں مانگتے!

ونود (غصے سے پھر کر) تو میرے گھر والوں کو گالیاں دے رہی ہے

موہنی گالیاں میں نہیں آپ دے رہے ہیں... جانتے ہیں ان چھ مہینوں میں آپ نے مجھے اتنا چھوٹا کر دیا ہے کہ مجھے اپنے آپ سے نفرت ہو گئی ہے

ونود تم چیز ہی ایسی ہو... نفرت جس کی تقدیر ہے

موہنی مجھے اتنا کمزور مت سمجھو ونود! میں مر جاؤں گی مگر تقدیر کے رومال سے آنسو کبھی خشک نہیں کروں گی

(موہنی غصے سے اٹھ کر چلی جاتی ہے.. کیمرہ موہنی کو Fallow کرتا ہوا دروازے تک جہاں وہ رکتی ہے۔ مڑ کر دیکھتی ہے...
اس دوران ونود اخبار پھینک کر خالی فریم اٹھا لیتا ہے اور میز پر سے موہنی کی تصویر بھی... تاکہ دیکھنے والوں کو پھر یہی لگے کہ پرانا منظر جاری ہے... کیمرہ ونود پر... وہ کچھ دیر خالی فریم کو گھورتا ہے... اسی دوران ونود کی ماں داخل ہوتی ہے... وہ ونود کے ہاتھ میں خالی فریم دیکھ لیتی ہے... آ کر اس کے ہاتھ سے فریم لے کر میز پر رکھ دیتی ہے)

ماں یہاں اکیلا کیا کر رہا ہے تو

ونود کچھ نہیں... بس یونہی...

ماں ارے تو اس مردار کے لئے چپ چپ بیٹھا ہے۔ ابھی تو اسے مرے ہوئے آٹھ دس دن بھی نہیں ہوئے... مگر دس ایک سے ایک اچھے رشتے آ چکے ہیں...

ونود: ماں! میں اب شادی نہیں کروں گا!

ماں: شادی نہیں کرے گا... (فاتحانہ مسکراہٹ) سوچ لے۔ لالہ شانتی سروپ کی بیٹی کا رشتہ بھی آیا ہے

ونود: (ایک دم خوشی سے اٹھ کر بیٹھتے ہوئے) سچ ماں...

ماں: اور نہیں تو کیا جھوٹ!

ونود: تو پھر سوچ کیا رہی ہو... ہاں کہہ دو نا...

(منظر فیڈ آؤٹ)

ساتواں منظر

(اپدیش کا گھر... سوچ میں ڈوبا ہوا... آواز پہلے سے ریکارڈ کی ہوئی... چہرے پر احساسات اور جذبات کا رنگ)

اپدیش: کیا سوچ رہے ہو اپدیش تم! اگر ہارنے سے ڈرتے رہے تو زندگی میں کوئی بازی نہیں جیت پاؤ گے... تم کس سزا کے انتظار میں جی رہے ہو۔ جو سزا ان کو ملنی چاہئے... اس کے لئے سات جنم بھی کم ہیں...
وہ کبھی اپنے کئے پر نہیں پچھتائیں گے.. خونی بھیڑئے کے لئے ہر تازہ شکار ایک کارنامہ ہوتا ہے... کوئی شرم کی بات نہیں... اب تم اتنے کمزور بھی نہیں ہو... اٹھ کر یہ قصہ ختم کیوں نہیں کر دیتے...
(وہ ایک عزم کے ساتھ اٹھتا ہے۔ چہرے کی رگیں تنی ہوئی. ہاتھوں کی مٹھیاں بھنچی ہوئیں۔)

(منظر فیڈ آؤٹ)

آٹھواں منظر

(ونود کا گھر... انسپکٹر کھڑا ہے... اندر ونود کی ماں بیٹھی ہے بہت گھبرائی ہوئی)

ماں جب ونود کے پتاجی دوکان سے آجائیں گے تب آنا...

انسپکٹر میرا سوال بہت آسان ہے... اس کا جواب آپ بھی دے سکتی ہیں۔

ماں (ہونٹوں پر زبان پھیرتے ہوئے) کیا ہے...

انسپکٹر سنا ہے آپ لوگ کم جہیز لانے پر موہنی کو اکثر پریشان کیا کرتے تھے

ماں ہے بھگوان!! کون ہے جو ایسا جھوٹ کا پہاڑ ہم پر توڑ رہا ہے...

انسپکٹر سچ کیا ہے... وہ آپ بتا دیجئے...

ماں سچ!! (سوچ میں ڈوب جاتی ہے... کیمرہ پر ماں کی آنکھوں کا کلوز اپ

اسی دوران انسپکٹر سیٹ سے چلا جاتا ہے اور اس جگہ باپ آجاتا ہے.. ماں کی آنکھوں کا کلوز اپ ڈزالو کیمرہ Pan کرتا ہوا موہنی پر جو کمرے میں صفائی کر رہی ہے... تھوڑی دیر تک وہ جھاڑ پونچھ کرتی ہے... اس دوران ماں ایک شال پہن لیتی ہے تاکہ یہ لگے کہ یہ منظر گذرے ہوئے لمحوں کا ایک حصہ ہے... تھوڑی دیر بعد باپ بھی آجاتا ہے اور وہ اپنی بیوی کے قریب آکر بیٹھ جاتا ہے موہنی صفائی کرتی رہتی ہے... وہ سرگوشی کرتے ہیں... ماں اقرار میں گردن ہلاتی ہے... اور پھر موہنی کی طرف دیکھتے ہوئے)

ماں بڑے بوڑھے جو کچھ کہتے ہیں سوچ سمجھ کر کہتے ہیں... آدمی پہاڑ کا

بوجھ سہہ سکتا ہے... مگر بات کا نہیں...

(موہنی صفائی کرتے ہوئے حیرت سے اپنی ساس کی طرف دیکھتی ہے ... ایک لمحہ کے لئے سوچتی ہے... اور پھر اپنے کام میں لگ جاتی ہے)

باپ (بلبلاتے انداز سے) میں سوچ بھی نہیں سکتا تھا کہ ایڈیشن اس طرح اپنی بات سے پھر جائے گا...

موہنی (پھر نظریں اٹھاکر... ادب سے پوچھتے ہوئے) کیا کیا ہے پاپا نے

ماں ایسی بھولی... نادان تو نہ بن... پوری برادری میں ناک کٹوا دی... جسے دیکھو وہی کہہ رہا ہے کہ تم نے اپنا ہیرا کوڑیوں کے مول بیچ دیا۔

باپ ہم نے صاف کہہ دیا تھا کہ تھالی میں ہم ایک لاکھ سے کم نہیں لیں گے

موہنی اتنا پیسہ اُن کے پاس نہیں تھا!

ماں اتنا پیسہ تو آج کل بھیک منگوں کے پاس نکل آتا ہے... ہاں اگر دینے کی نیت نہ ہو تو بات دوسری ہے۔

موہنی (غصہ ضبط کرتے ہوئے) کتنا پیسہ باقی ہے ان کی طرف

باپ حساب صاف ہے... پچیس تھالی میں دئے تھے اور پچیس تم لائیں ابھی تو آدھی منزل طے ہوئی ہے۔

موہنی آپ میرے زیور رکھ لیجئے...

ماں اے لو... دیکھو تو اس کی باتیں... گہنے تمہارے کہاں سے ہو گئے دنیا کا دستور ہے گہنے سسرال کی ملکیت ہوتے ہیں۔

باپ صاف بات کھٹک رہی ہے بہو! ہم نے تمہارے باپ کی بات پر بھروسہ کرلیا... اور تمہیں گھر لے آئے... تم اسے ہماری کمزوری مت

سمجھنا... اُدھار تو ہم مُردوں پر بھی نہیں چھوڑتے ... وہ تو ابھی زندہ ہے۔

موہنی آپ بے فکر رہئے... مل جائیں گے آپ کے پیسے! اور تو کچھ ہے نہیں ان کے پاس... سر چھپانے کا ایک ٹھکانہ ہے... بیچ دینگے وہ بھی...

ماں بیچ دیں گے تو کیا احسان کریں گے ہم پر... ادھار ہی تو چکا رہے ہیں

موہنی یہ ادھار نہیں لوٹ ہے... زبردستی ہے

باپ (غصّے سے) زبان سنبھال کر بہو! ... ہمیں گھی سے مطلب ہے... اگر سیدھی انگلی سے نہیں نکلے گا تو ہم انگلیاں ٹیڑھی بھی کر سکتے ہیں...

موہنی آپ مجھے دھمکی دے رہے ہیں...

باپ دھمکی تو کسی اور طرح دی جاتی ہے... ابھی میں سمجھا رہا ہوں

ماں ایسی کون لاٹ صاحب ہے تو جیسے دھمکی نہیں دی جا سکتی... میں نے تو اچھے اچھوں کو سیدھا کر دیا ہے تو کس کھیت کی مولی ہے۔

((موہنی کی آنکھیں بھر آتی ہیں۔ غصّہ اور رنج سے دونوں کی طرف دیکھتی ہے... خاموشی سے باہر نکل جاتی ہے...)

ماں کیسی قسمت پھوٹ گئی ونود کی... گز بھر کی چھوکری اور چار گز لمبی زبان... ناک پر مکھی نہیں بیٹھنے دیتی

باپ پیسہ نہ لائے... تب میں ہی اس کو سیدھا کر دوں گا

ماں (آواز بلند) ایسی نک چڑھی سے تو بات ہی جوتا ہاتھ میں لیکر کرنی چاہئے

باپ آہستہ بول بھاگوان! پڑوسیوں نے سن لیا تو الگ باتیں بنائیں گے

ماں آج نہیں تو پرسوں کل سن ہی لیں گے... بہت غصہ دلاتی ہے مجھے۔ کسی دن مٹی کا تیل چھڑک کر آگ لگا دوں گی... تو ساری تیزی جل کر راکھ ہو جائے گی۔

باپ (اٹھ کر جاتے ہوئے) تو اس کا خیال رکھنا... میں اس کے باپ سے بات کر کے آتا ہوں (کیمرہ باپ پر... اس دوران ماں شال اتار کر رکھ دیتی ہے... انسپکٹر اپنی جگہ پر کھڑا ہو جاتا ہے... کیمرہ ایک بار پھر ماں کی آنکھوں پر... پھر آہستہ آہستہ انسپکٹر بھی فریم میں آتا ہے جو دلچسپی اور غور سے ماں کی طرف دیکھ رہا ہے... کچھ لمحوں کی خاموشی کے بعد)

انسپکٹر آپ نے میری بات کا جواب نہیں دیا...

ماں (چونک کر) ہاں... کیا جواب دوں (سنبھل کر) ہم کوئی لالچی ہیں... ہم کیوں کسی سے کچھ مانگنے لگے...

(باپ تیزی سے گھر میں آتا ہے... جیسے انسپکٹر کے آنے کی خبر سن کر دوڑا دوڑا آیا ہو)

باپ (انسپکٹر سے) بیٹھ جائیے... آپ کھڑے کیوں ہیں۔

انسپکٹر اوہ! آپ آگئے...

(... دونوں بیٹھ جاتے ہیں...)

باپ (بیوی سے) انسپکٹر صاحب کو چائے پلوائی

ماں ابھی نہیں... (اٹھ کر جاتے ہوئے) بنواتی ہوں!

انسپکٹر آپ زحمت نہ کریں... میں ڈیوٹی کے دوران چائے نہیں پیتا!

(ماں برا سا منھ بناتی ہے اور چلی جاتی ہے)

باپ (بیوی کے جانے کے بعد) آپ یہ قصہ ختم کیوں نہیں کر دیتے۔ ہمیں اب

اس سلسلہ میں کچھ نہیں کہنا ہے۔۔۔

انسپکٹر (آواز بلند) گپتا جی! یہ ایک عورت کے قتل کا معاملہ ہے

باپ آپ کچھ غلط کہہ گئے شاید! معاملہ قتل کا نہیں خودکشی کا ہے۔۔۔

انسپکٹر چلئے یونہی سہی۔ مگر آپ یہ تو مانیں گے کہ معاملہ ایک انسانی جان کا ہے

باپ (ذرا سختی سے) انسپکٹر! صرف یہ سمجھانے کے لئے آپ کا بار بار آنا ضروری تو نہیں ہے۔

انسپکٹر ٹھیک ہے۔۔۔ میں کل سے آپ کو پولیس چوکی پکڑ کر بلوا لیا کرونگا

باپ (گھبرا کر) آپ تو برا مان گئے انسپکٹر! سچ تو یہ ہے کہ خودکشی کی وجہ اتنی گھناؤنی ہے کہ ہمیں اس بارے میں بات کرتے ہوئے بھی شرم آتی ہے

انسپکٹر پھر بھی قانون کی مدد کی خاطر آپ مجھے وجہ ضرور بتائیں گے۔۔۔

(باپ میز کی طرف جاتا ہے۔۔۔ اس کی دراز کھول کر ایک بڑا سا لفافہ نکالتا ہے۔۔۔ اس کو لے کر انسپکٹر کی طرف آتا ہے)

باپ اس میں موہنی کی ڈائری کے کچھ صفحوں کی فوٹو اسٹیٹ کاپیاں ہیں انھیں پڑھ لیجئے کافی کچھ سمجھ میں آجائے گا۔

انسپکٹر شکریہ (لفافہ لیتے ہوئے) میں پڑھ لوں گا!

باپ اب آپ آہی گئے ہیں تو ایک بات میری بھی سنتے جایئے!

انسپکٹر جی۔۔۔ فرمایئے!

باپ میں ایک کاروباری آدمی ہوں۔۔۔ کیا آپ کو احساس ہے کہ آپ میرے اکاؤنٹس کو سیل کر کے میرے کاروبار کو نقصان پہنچا رہے ہیں۔۔۔

انسپکٹر پچھلے دو برسوں میں چند موٹی موٹی رقمیں آپ کے اور آپ کے بیٹے کے اکاؤنٹ میں جمع ہوئی ہیں... میں ان کے بارے میں تھوڑی سی تفصیل جاننا چاہتا تھا

باپ میرا خیال ہے اس کام کے لیئے حکومت نے ایک اور محکمہ بنایا ہے

انسپکٹر صحیح فرمایا آپ نے... مگر کچھ خاص حالات میں پولیس بھی یہ پوچھنے کے لیئے آزاد ہے

باپ ہمارے ملک میں تو پولیس ہر قانون توڑنے کے لیئے آزاد ہے

انسپکٹر آپ جو کچھ بھی کہیں سوچ سمجھ کر کہیں... آپ کے منھ سے نکلی ہوئی ہر بات آپ کے خلاف استعمال ہو سکتی ہے

باپ آپ مجھے دھمکی دے رہے ہیں...

انسپکٹر جی نہیں... سمجھا رہا ہوں

باپ (نرم پڑتے ہوئے) جہاں تک ہمارا بس چلتا ہے ہم بھی قانون سے نہیں ٹکراتے... انسپکٹر صاحب... یہاں کوئی پرایا نہیں ہے جو کچھ دل میں ہے کہہ ڈالیئے... میں پوری کوشش کروں گا کہ آپ کی بات کھوٹی نہ ہو

انسپکٹر اس محبت کے لیے شکریہ! (جیب سے ایک کاغذ نکال کر میز پر پھینک دیتا ہے) مجھے ان رقموں کی تفصیل چاہیئے

باپ یہ بھی ہو جائے گا... پہلے ہم دونوں اپنی بات تو ختم کرلیں

انسپکٹر جیسے آپ کی مرضی!

باپ میں یہ جاننا چاہتا تھا کہ میں کیا خدمت کروں جو آپ کی ناراضگی ختم ہو جائے۔

انسپکٹر (ہونٹوں پہ طنزیہ مسکراہٹ۔ میز پر پڑے ہوئے کاغذ کی طرف اشارہ کرکے) اس کا جواب عنایت کر دیجئے!

باپ بس!!

انسپکٹر بس!! امید کروں کل تک جواب مل جائے گا!

باپ جی ہاں... (لفافہ کی طرف اشارہ کرکے) آپ بھی اسے پڑھ لیجئے کل پھر دونوں معاملے کی بات کرلیں گے

انسپکٹر (فون کی گھنٹی بجنے لگتی ہے) ضرور! آپ فون سنئے... میں کل پھر آؤں گا!

(منظر فیڈ آؤٹ)

نواں منظر

(ایڈیش کا گھر... فون کا کلوز اپ... فون کی گھنٹی بج رہی ہے... ایڈیش جس کے ہاتھ میں اخبار ہے... اس کو رکھ کر اٹھتا ہے... جاکر فون اٹھاتا ہے)

ایڈیش ہلو... ہاں... بول رہا ہوں... (کچھ دیر سنتا ہے۔ تیوریوں پر بل پڑ جاتے ہیں... غصے سے) کیا بکتے ہو تم... ہلو... (چیختے ہوئے) نام بتاؤ... (بالکل آپے سے باہر ہو کر) حرام زادے... تم جو بھی ہو میں تمہارا خون پی جاؤں گا! (ادھر سے جیسے فون رکھ دیا گیا ہو) ہلو! ہلو! ہلو!! (ایڈیش بھی فون رکھ دیتا ہے۔ آنکھیں آگ اگل رہی ہیں۔ ماتھے سے پسینہ پونچھتا ہے... دروازے پر گھنٹی... ایڈیش اپنے آپ پر تھوڑا سا قابو

پاکر... بلند آواز سے)

اپدیش اندر آجاؤ

(انسپکٹر اندر آتا ہے... اپدیش ہاتھ سے اس کو بیٹھنے کا اشارہ کرتا ہے... سائڈ ٹیبل پر ایک پانی کا جگ اور گلاس رکھا ہوا ہے.. جگ سے پانی انڈیل کر پیتا ہے اور پھر خود کو سنبھالتا ہوا انسپکٹر کے پاس آکر بیٹھ جاتا ہے)

انسپکٹر کیا بات ہے انکل! کچھ پریشان سے لگ رہے ہیں آپ؟

اپدیش نہیں! کوئی خاص بات نہیں

انسپکٹر کسی کا فون آیا تھا کیا؟

اپدیش (حیرت سے) تم کیسے جانتے ہو؟

انسپکٹر کسی نے موہنی کے بارے میں کچھ کہا

(اپدیش حیرت سے انسپکٹر کی طرف دیکھتا ہے اور اقرار میں گردن ہلاتا ہے)

انسپکٹر اس نے اپنا نام نہیں بتایا ہوگا

اپدیش تم یہ سب کیسے جانتے ہو انسپکٹر؟

انسپکٹر یہ سب سمجھ لینا میرا پیشہ ہے انکل! آپ فون کے پاس کھڑے تھے۔ غصے میں تھے... اور... (بات ادھوری چھوڑ دیتا ہے)

اپدیش کہو انسپکٹر! ... رک کیوں گئے۔

انسپکٹر (چند لمحے سوچ کر۔ جیسے یہ فیصلہ کر رہا ہو کہ بات کیسے شروع کرے) آپ کسی راجیش کو جانتے ہیں

اپدیش نہیں... کون ہے وہ؟

انسپکٹر: آپ نے یہ نام کبھی موہنی کی زبان سے سنا

ایدیش: موہنی کی زبان سے ... (سوچ میں پڑ جاتا ہے ... کیمرہ ایدیش کی آنکھوں پر ... بہت ہی Tight close up ... انسپکٹر کیمرے کے فریم سے نکل جاتا ہے ... کیمرہ پین کرتے ہوئے اس میز کرسی پر جہاں موہنی بیٹھ کر لکھا کرتی تھی ... وہاں موہنی بیٹھی ہوئی لکھ رہی ہے ... کچھ دیر لکھنے کے بعد ... موہنی اپنا لکھا ہوا خود ہی پڑھتے ہوئے)

موہنی: تم نے کبھی سوچا راجیش ... لوگ مسافروں کی طرح اس پیڑ کو کیوں بھول جاتے ہیں جس کی گھنی چھاؤں میں انھیں آرام ملتا ہے ... تمہیں شاید معلوم نہ ہو ... میں نے تمہارے علاوہ ایک اور چیز کا انتظار کیا ہے ... اور وہ ہے میرا بوڑھاپا ... جب میں بوڑھی ہو جاؤں گی تو دیکھوں گی ... میری زندگی کے لمبے سفر میں کون ہے ایسا ... جس نے راستے کے گھنے سایہ دار درخت کو یاد رکھا ہے ... میرے خیال میں وہ تمہارے علاوہ کوئی اور نہیں ہوگا ... کیونکہ میں نے زندگی کے درخت کے اس تنے پر تمہارا نام لکھ دیا ہے ...

(ایدیش کیمرے کے فریم میں آتا ہے ... اس وقت وہ ایک سلیپنگ گاؤن پہنے ہوئے ہے ... بیٹی کی پیٹھ پر ہاتھ رکھ کر جھک کر پوچھتا ہے)

ایدیش: کیا لکھ رہی ہو بیٹی!

موہنی: (نظر اٹھائے بغیر لکھتے ہوئے) ایک خط!

ایدیش: خط!! کس کو؟

موہنی: راجیش کو ...

ایڈیش راجیش!! کون ہے وہ۔ کہاں رہتا ہے...

موہنی خوابوں کا شہزادہ ہے وہ۔ ۔ اور میرے دل میں رہتا ہے

ایڈیش میں سمجھا نہیں...

موہنی (نخرہ کرتے ہوئے) ڈیڈی پلیز! مجھے لکھنے دیجئے نا...

ایڈیش (مسکراتے ہوئے) اچھا! اچھا! تم لکھو بیٹے (کیمرے کے فریم سے نکل جاتا ہے۔۔ موہنی کچھ دیر بیٹھی لکھتی رہتی ہے... اس دوران ایڈیش اپنا گاؤن اتار کر اپنی جگہ بیٹھ جاتا ہے اور انسپکٹر بھی اپنی جگہ... کیمرہ ایڈیش اور انسپکٹر پر اس دوران موہنی اپنی کرسی سے اُٹھ کر چلی جاتی ہے)

انسپکٹر آپ نے میری بات کا جواب نہیں دیا انکل!

ایڈیش (چونک کر) آں... ہاں۔ ۔۔ (کیمرہ موہنی کی خالی کرسی پر ایک لمحے لئے اور پھر ایڈیش پر) (ٹھنڈی سانس) نہیں بیٹے! میں کسی راجیش کو نہیں جانتا!

انسپکٹر آپ مجھ سے کچھ چھپا رہے ہیں انکل! اس سوال کا جواب بہت اہم ہے

ایڈیش میں نے کہا نا...۔ میں کسی راجیش کو نہیں جانتا!

انسپکٹر بات یہ ہے انکل! موہنی بہن کے سسرال والے اس کا ناجائز تعلق کسی راجیش سے ثابت کر رہے ہیں...

ایڈیش (چونک کر) کیا!

انسپکٹر انکل! اگر یہ ثابت ہو گیا تو جانتے ہیں کیا ہوگا

ایڈیش (چہرے پر ہوائیاں) کیا ہوگا!

انسپکٹر وہ بھری عدالت میں کہہ سکیں گے کہ اپنے گناہوں پر پردہ ڈالنے

کے لئے اس نے خودکشی کر لی...

ایدیش: یہ جھوٹ ہے!

انسپکٹر: میں بھی جانتا ہوں... مگر یہ ثابت کرنے کے لئے مجھے آپ کے پورے تعاون کی ضرورت ہوگی (وہی لفافہ جو ونود کے باپ نے انسپکٹر کو دیا تھا وہ ایدیش کی طرف بڑھاتا ہوئے) ان کو پڑھ لیجئے... امید ہے شام تک آپ میرے سوال کا جواب دے سکیں گے...

(ایدیش کا کانپتا ہوا ہاتھ لفافے کی طرف بڑھتا ہے۔ منظر بدلتا ہے... ونود کے گھر کے سیٹ پر)

دسواں منظر

(ونود کچھ کاغذات باپ کی طرف بڑھاتا ہے... باپ کاغذات ہاتھ میں لے کر ایک نظر دیکھتا ہے اور پھر ونود سے)

باپ: تم نے وکیل سے بات کی

ونود: ہاں... اس کا کہنا ہے کہ یہ خودکشی کا سیدھا سادہ کیس ہے... راجیش سے اس کے ناجائز تعلقات تھے... جب اس کی جدائی برداشت نہ ہو سکی تو ایک روز جب ہم گھر میں نہیں تھے تو اس نے اپنے کپڑوں پر تیل چھڑک کر آگ لگا لی!

باپ: مگر راجیش کہاں سے آئے گا!

ونود: اسے ڈھونڈنا پولیس کا کام ہے

ماں: وہ تیرا دوست بھی تو ہے راجیش

ونود: ماں... وہ نہیں... وہ تو... (رک جاتا ہے جیسے کوئی بہت ہی انوکھی

بات سوجھ جائے۔۔ چہرے پر مسکراہٹ) ہاں ... ڈیڈی راجیش ہے تو ... اور وہ ... وہی سب کچھ کہے گا جو ہم چاہیں گے ...

(منظر بدلتا ہے)

گیارہواں منظر

(پولیس چوکی ... راجیش اور انسپکٹر ایک دوسرے کے آمنے سامنے بیٹھے ہیں)

راجیش: میرا نام راجیش ہے انسپکٹر ۔۔ میں ونود کا دوست ہوں سنا ہے آپ کو میری تلاش ہے

انسپکٹر: مجھے آپ کی تلاش ہے ... یہ کیسے فرض کر لیا آپ نے

راجیش: مجھے ونود نے بتایا تھا کہ آپ کو کسی راجیش کی تلاش ہے

انسپکٹر: مجھے جس راجیش کی تلاش ہے ... وہ آپ ہی ہیں؟

راجیش: جی ہاں ... میں وہی ہوں

انسپکٹر: بہت خوشی ہوئی ہے آپ سے مل کر

راجیش: (خوش ہوتے ہوئے) بہت بہت شکریہ!

انسپکٹر: (ایک دم غصے سے) آپ خود کو گرفتار سمجھیے!

راجیش: (گھبرا کر کھڑے ہوتے ہوئے) گرفتار!! مگر کیوں؟

انسپکٹر: مجھے جس راجیش کی تلاش تھی ... وہ ناجائز شراب کا دھندا کرتا ہے

راجیش: (بری طرح نروس) جی نہیں جناب! میں وہ نہیں ہوں ... مجھ سے

تو ونود نے کچھ اور کہا تھا

انسپکٹر (رعب سے) بیٹھ جائیے...

(راجیش ڈر کر بیٹھ جاتا ہے)

انسپکٹر اب فرمائیے! کیا کہا تھا ونود نے آپ سے

راجیش یہی کہ آپ کو اس راجیش کی تلاش ہے جس کو موہنی چاہتی تھی

انسپکٹر اوہ! اچھا! آپ ہی ہیں وہ جسے موہنی چاہتی تھی!

راجیش (شرما کر نظریں جھکاتے ہوئے) جی!

انسپکٹر بہت چاہتی تھی!

راجیش جی ہاں... بہت!

انسپکٹر آپ کو خط بھی لکھا کرتی تھی...

راجیش جی ہاں... خط بھی لکھا کرتی تھی

انسپکٹر (نرم لہجے میں) یہ سب آپ کو ونود نے سمجھایا ہے نا

راجیش (جھونک میں کہہ جاتا ہے) جی ہاں... (پھر غلطی کا احساس کر کے) جی نہیں... ونود نے کچھ نہیں کہا

(انسپکٹر مسکرا کر راجیش کی طرف دیکھتا ہے... میز پر رکھی ہوئی گھنٹی بجاتا ہے... ایک موٹا تازہ سپاہی آتا ہے..)

سپاہی جی صاحب!

انسپکٹر عبدل! ان صاحب سے ملو... بہت اسمارٹ چیز ہیں... ذرا ان کو ڈائننگ روم میں لے جاؤ اور خوب خاطر کرو اور اس وقت تک کرتے رہو جب تک یہ سچ بولنا نہ شروع کر دیں

سپاہی (چہرے پر مسکراہٹ) بہت بہتر جناب!

(راجیش کے چہرے پر ہوائیاں اڑتی ہوئی۔ سپاہی بازو سے پکڑ کر اس کو اٹھاتے ہوئے... منظر فیڈ آؤٹ)

بارہواں منظر

(ونود اپنے ڈرائنگ روم میں بیٹھا ہوا ایک رسالہ دیکھ رہا ہے جس میں ایک خوبصورت عورت کی تصویر ہے... دروازے پر گھنٹی... نظریں اوپر اٹھائے بغیر...)

ونود: اندر آجاؤ...

(اسلم اندر داخل ہوتا ہے... اس کو دیکھ کر ونود رسالہ بند کر کے ایک طرف رکھ دیتا ہے)

اسلم: کیا ہو رہا ہے پیارے...

ونود: کچھ نہیں... بس یوں سمجھ لو بیکار بیٹھا مکھیاں مار رہا تھا

اسلم: (مذاق سے) مکھیاں؟ یا کچھ اور...

ونود: (غصے سے ایک دم بھڑک کر) کیا مطلب؟

اسلم: یار... تو تو برا ماننے لگا... میں تو مذاق کر رہا تھا

ونود: بات یہ ہے اسلم... تو نہیں جانتا یہ محلے والے کیسی کیسی آوازیں کستے ہیں...

اسلم: میں جانتا ہوں ونود! بھابی کی موت کا بُرا چرچا ہے اخباروں میں...

ونود: ہمارا تو گھر سے نکلنا مشکل ہو گیا ہے... ہر شخص ایسے گھور گھور کر

دیکھتا ہے جیسے موہنی کو ہم نے مار ڈالا ہو

اسلم سب یہی کہتے ہیں ونود!

ونود بکتے ہیں سب!

اسلم میں نے کئی بار سوچا تم سے پوچھوں... آخر ہوا کیا تھا ونود!

ونود ساری دنیا جانتی ہے کہ ہم اس روز لالہ مہیشوری کی لڑکی کی شادی میں گئے تھے...

اسلم موہنی بھابی کیوں نہیں گئی تھیں

ونود اسلم!! وہ ایک انتہائی بدمزاج عورت تھی۔ ذرا سی بات پر جھگڑا کر کے گھر میں بیٹھ رہتی تھی۔.... درجنوں شادیاں ایسی ہوئیں جہاں وہ ہمارے ساتھ نہیں گئی

اسلم اُس روز کیا ہوا تھا

(کیمرہ ونود کی آنکھوں پر)

(منظر ونود کے بیڈ روم میں)

تیرھواں منظر

(موہنی کو کسی چیز کی تلاش ہے... کبھی کتابیں... کبھی چادر کبھی تکیہ الٹ کر دیکھتی ہے... چارپائی کے نیچے... پھر اوپر اسکے بعد بے حد پریشان... ایک ڈائری کے اوراق الٹنے لگتی ہے۔ ایک جگہ رک جاتی ہے... یہ تاثر دینے کے لئے کہ کسی نے اس کی ڈائری کے ورق پھاڑ لئے ہیں... اتنی دیر میں ونود آجاتا ہے... طنزیہ نظریں

سے اس کی طرف دیکھتے ہوئے)

ونود: کیا تلاش کر رہی ہو... کوئی بہت قیمتی چیز گم ہو گئی ہے کیا

موہنی: (چونک کر) آپ!!

ونود: ہاں میں... تم نے میری بات کا جواب نہیں دیا...

موہنی: کسی نے میری ڈائری کے Pages پھاڑ لئے ہیں

ونود: ان میں کسی سرپھرے عاشق کی کہانی لکھی تھی کیا؟

موہنی: (ڈائری بستر پر پھینک کر) اچھا تو یہ آپ کی حرکت تھی!

ونود: پسند نہیں آئی تمہیں!

موہنی: آپ چاہتے ہیں کہ اس گھٹیا حرکت پر میں آپ کی بلائیں لوں

ونود: بلائیں تو اپنے عاشق کی لیجئے۔ شوہر تو صرف اس لئے ہوتا ہے کہ کما کر لائے اور بیوی کو عیش کرائے

موہنی: ہر بات کی حد ہوتی ہے ونود! میں جس دن سے آئی ہوں کس چکی میں پس رہی ہوں... میں ہی جانتی ہوں...

ونود: تم پس کہاں رہی ہو؟ ہماری چھاتی پر مونگ دل رہی ہو

موہنی: مجھ پر کیچڑ اچھال کر آپ اپنی رنگین راتوں کا چہرہ چھپانا چاہتے ہیں کیا میں نہیں جانتی کہ کملا اور سادھنا کے ساتھ آپکا چکر ہے

ونود: زبان سنبھال کر بات کر عورت... اپنے پاپوں پر پردہ ڈالنے کے لئے مجھے بدنام کر رہی ہے...

موہنی: میں کنوئیں کی آواز ہوں۔ جیسا کہو گے ویسا سنو گے

ونود: جانتی ہے تجھ جیسی عورتوں کے ساتھ پہلے لوگ کیا کیا کرتے تھے ناک چوٹی کاٹ کر گھر سے نکال دیتے تھے

موہنی — میں کیا ہوں... میں اچھی طرح جانتی ہوں... گالی وہ دیتا ہے جس کے دل میں چور ہوتا ہے۔

ونود — اگر تو ایسی ہی دودھ کی دھلی ہے تو بتا کون ہے یہ راجیش!

موہنی — اگر آپ نے شرافت سے پوچھا ہوتا تو میں سب کچھ بتا دیتی... مگر اب میں آپ کی کسی بات کا جواب نہیں دوں گی

ونود — جواب تو تیرا باپ بھی دے گا!

موہنی — ونود! خبردار جو میرے باپ کو کچھ کہا

ونود — اس گھٹیا... کنجوس آدمی کو باپ کہتے ہوئے تجھے شرم نہیں آتی

موہنی — جس آدمی کو کنجوس کہہ رہے ہو... اس سے پچیس ہزار کی تیسری قسط... ابھی دو دن پہلے ہی تو وصول کی ہے تم لوگوں نے۔

ونود — مجھ جیسے لڑکے کے لئے آج بھی کوئی دو لاکھ روپیہ نقد دے سکتا ہے

موہنی — ایسا ہے تو آپ دوسری شادی کیوں نہیں کر لیتے!

ونود — جس دن تو اپنا منھ کالا کر جائے گی میں یہ بھی کر لوں گا

موہنی — پتہ نہیں لوگ کیوں شادی کے ارمان میں مرے جاتے ہیں... ایسی شادی سے تو موت ہی اچھی!

ونود — تو پھر مر کیوں نہیں جاتی

موہنی — بوڑھے باپ کا خیال آجاتا ہے... ورنہ مر کر بھی دکھا دیتی...

ونود — مرنے کے لئے کلیجہ چاہئے... وہ عورتیں اور ہوتی ہیں جنھیں شرم اور لاج ہوتی ہے۔

موہنی — بس... اب آگے ایک حرف نہ کہنا

ونود — (طنزیہ ہنسی) ورنہ تو سچ مچ مر جائے گی.. گھر میں تیل بھی کافی ہے

ماچس بھی... اور ہم سب لوگ دعوت میں جارہے ہیں... کوئی ہاتھ
پکڑنے والا بھی نہیں ہوگا... راجیش کا نام جپتے ہوئے جل جانا...

(موہنی کی آنکھوں میں وحشت... کیمرہ پر اس کا کلوزاپ تاکہ
ونود دوسرے سیٹ پر جاسکے)

موہنی چلے جاؤ... دور ہوجاؤ... میرے بوڑھے باپ کو بیچ کر کھا گئے تم...
اسے کوڑی کوڑی کا محتاج کردیا تم نے... وہ میری خوشی کی خاطر
ہر زخم سہتا رہا... اور تم اس کا خون پینے سے باز نہیں آئے...
نہیں... نہیں... اب میں اسے اور برباد نہیں ہونے دونگی...

(آنکھوں سے پاگل پن عیاں)

تم میرے غریب باپ کو اور نہیں لوٹ سکتے... اپنی واسنا کیلئے
مجھے بدنام نہیں کرسکتے... (ایک طرف دیکھتی ہے چیختے ہوئے...)
نہیں... نہیں... (پیچھے ہٹتی ہوئی...) (کیمرے کے فریم میں صرف
موہنی... مگر تاثر یہ ہو کہ جیسے کوئی موہنی کی طرف بڑھ رہا ہے اور وہ
ڈرکر پیچھے ہٹ رہی ہے) میرے قریب مت آؤ... پیچھے ہٹو!

(چارپائی سے ٹکراکر گر جاتی ہے)

(منظر واپس ڈرائنگ روم سیٹ پر)

چودھواں منظر

(اسلم اور ونود بیٹھے ہوئے)

اسلم تم نے میری بات کا جواب نہیں دیا ونود!

ونود کیا جواب دوں... اس کے کچھ love letters میں نے پکڑ لئے تھے۔
اسلم یہ سچ ہے کہ بھابی کو کسی سے پیار تھا۔۔؟
ونود اسی لئے تو وہ اکثر گھر رک جایا کرتی تھی
اسلم تمہارا مطلب ہے کہ وہ کسی سے چھپ چھپ کر ملا کرتی تھی؟
ونود ہاں... میرے پاس ثبوت ہے۔
اسلم ثبوت؟ کیسا ثبوت!
ونود تم بھی اسے جانتے ہو
اسلم (حیرت سے) میں اسے جانتا ہوں
ونود ہاں... وہ ثبوت ہے اپنا راجیش
اسلم (حیرت سے) راجیش! مگر اس نے تو کبھی ذکر نہیں کیا
ونود ذکر کیسے کرتا... وہ میرا اچھا دوست ہے... سچ تو یہ ہے کہ اسے موہنی میں کوئی دلچسپی نہیں تھی... وہی آوارہ تھی۔
اسلم مرنے والے کو ایسا نہیں کہتے
ونود کیوں نہ کہوں... وہ تو اپنی آوارگی چھپانے کے لئے مر گئی... مگر ہمیں کس مصیبت میں پھنسا گئی

(ونود کی ماں اندر آتی ہے)

ماں ارے تو یہاں بیٹھا ہے... اور میں دوکان ٹیلیفون کر رہی تھی...
اسلم نمستے ماں جی!
ماں نمستے بیٹے!

ونود کیا ہے ماں ۔۔

ماں تو اپنے دوست سے بات کرلے ... بعد میں اندر آجانا بہت ہی ضروری بات کرنی ہے ...

اسلم (اٹھ کر کھڑے ہوتے ہوئے) مجھے بھی کام ہے ماں جی ... آپ بات کیجئے ... میں پھر آؤں گا !

ونود ابھی بیٹھ اسلم !

اسلم ذرا کام ہے یار ... میں شام کو آؤں گا

(اسلم چلا جاتا ہے ... ماں اس کے جانے کے بعد)

ماں (رازداری کے انداز میں) لالہ ہردیال کے یہاں سے رشتہ آیا ہے

ونود اس دن تو تم لالہ شانتی سروپ کی بات کررہی تھیں

ماں ارے بیٹے یہ لڑکی کملا سے بہت اچھی ہے

ونود (شکایت کرتے ہوئے) تم تو موہنی کے لئے بھی ایسا ہی کہتی تھیں

ماں اس وقت میں نادان تھی ... کسے پتہ تھا کہ کسی اکلوتی بیٹی کا باپ کبھی اتنا کنجوس بھی ہوسکتا ہے

ونود ادھر تو ٹھوک بجا کر دیکھ لیا ہے ... کہیں یہ بھی کنجوس نکلے !

ماں تیرے پتاجی آتے ہی ہوں گے ... وہ ساری باتیں طے کرکے آئیں گے۔

ونود تم نے مجھ سے پوچھے بغیر بات بھی پکی کرلی ...

ماں بات اس لئے پکی کرلی کہ لڑکی ہیرا نہیں ... ہیرے کی کان ہے

ونود تو پھر ٹھیک کرو ... ہے

ماں (بلائیں لیتے ہوئے) بیٹا ہو تو میرا جیسا ... (رازدارانہ لہجہ) لالہ جی

دو لاکھ نقد دینے کے لئے مان گئے ہیں...

ونود سنا ہے ان کی لڑکی کی آنکھ میں کچھ فرق ہے

ماں دو لاکھ روپیہ تو بڑے سے بڑا عیب ڈھک لیتا ہے۔

ونود ان سے کہدینا کہ سارا روپیہ پھیروں سے پہلے لیں گے... کبھی موہنی کے باپ کی طرح وہ بھی ہمیں ستائے۔

(منظر فیڈ آؤٹ)

تیرھواں منظر

(یہ منظر فلم پر)

(عدالت کا سین... گواہوں کا کٹہرا جس میں ایدلیش کھڑا ہے جج کی جگہ انسپکٹر بیٹھا ہے... عدالت میں موہنی بیٹھی ہے جس کا چہرہ جلا ہوا ہے... ونود... ماں... باپ بھی موجود ہیں)

ایدلیش می لارڈ! میری موہنی تین برس کی تھی جب اس کی ماں اس کو چھوڑ کر چل بسی! میں نے خون جگر پلا کر پالا ہے اسے... بڑے ارمانوں سے شادی کی تھی اپنی لاڈلی کی... مگر می لارڈ یہ اسے زندہ بھون کر کھا گئے

ونود یہ بکتا ہے (اپنی جگہ سے)

باپ یہ پاگل ہے

انسپکٹر آرڈر! آرڈر!

باپ می لارڈ! انسانی گوشت کے تاجر ہیں یہ لوگ پیسے کے لئے انسان

تو کیا بھگوان کو بیچ دیتے ہیں۔

باپ	حضور! یہ بکتا ہے۔ اس کی بیٹی نے خودکشی کی ہے

اپدیش	انھوں نے میری بیٹی کو جلا کر مارا ہے... آپ چاہیں تو خود موہنی سے پوچھ سکتے ہیں... یہی ہیں اس کے قاتل!

موہنی	(جلے ہوئے چہرے کے ساتھ گواہوں کے کٹہرے میں) می لارڈ! یہی ہیں میرے قاتل... انھیں نے اپنے لالچ کی بھٹی میں مجھے جلا کر راکھ کر دیا...

ماں	یہ آوارہ ہے

ونود	اس کے یار کا نام راجیش ہے

باپ	یہ جھوٹا ہے

(شور...)

انسپکٹر	آرڈر! آرڈر!

اپدیش	یہ جھوٹ ہے... اس نام کا کوئی لڑکا نہیں تھا موہنی کی زندگی میں

موہنی	میرا چہرہ جلا کر بھی یہ چین نہیں لیتے می لارڈ... جھوٹے ہیں یہ!! بدنامی کی کالک پوتنا چاہتے ہیں میرے جلے ہوئے چہرے پر...

ونود	اس کے خط ہمارے پاس ہیں...

ماں	یہ داستانی ماری ہے...

باپ	یہ ویشیا ہے

اپدیش	موہنی اس دھرتی کی طرح پاون ہے می لارڈ! ان خونی درندوں کی لال زبانیں دیکھئے۔۔۔ میری موہنی کے خون سے تر ہیں یہ۔۔

ونود موہنی آوارہ ہے...

آوارہ ہے!... آوارہ ہے...!

(گونجتی ہوئی سب کی آوازیں)

(منظر بدلتا ہے)

سولھواں منظر

(ایدیش کا ڈرائنگ روم... جہاں وہ صوفہ پر پڑا سو رہا ہے...
اخبار ہاتھ میں ہے... آنکھیں بند ہیں... پاس ہی انسپکٹر کھڑا ہے)

ایدیش (سوتے میں) یہ جھوٹ ہے! یہ جھوٹ ہے!

(انسپکٹر جس کے ہاتھ میں ڈائریاں ہیں... آہستہ سے اسکو جھنجھوڑتا ہے)

انسپکٹر انکل! انکل!

ایدیش (آنکھیں کھل جاتی ہیں... چونک کر) میں کہاں ہوں

انسپکٹر آپ اپنے گھر میں ہیں...

ایدیش (آنکھیں کھولتے ہوئے) اوہ — (آنکھیں ملتا ہے... خود کو سنبھالتا ہے. اٹھ کر بیٹھتے ہوئے) اچھا ہوا بیٹے تم آ گئے... میں تم سے خود ہی ملنے والا تھا

انسپکٹر کوئی خاص بات!

ایدیش انسپکٹر! میں اپنی رپورٹ واپس لینا چاہتا ہوں

انسپکٹر (حیرت سے) مگر کیوں

ایدیش جو کچھ تم چھوڑ گئے تھے... وہ میں نے پڑھ لیا ہے...

انسپکٹر اور اس لئے آپ رپورٹ واپس لینا چاہتے ہیں

ایدیش تم اندازہ نہیں کر سکتے انسپکٹر! میں کتنا زخمی ہوں... اپنا ہو یا پرایا کسی نے مجھ پر رحم نہیں کھایا...

انسپکٹر آپ ضرور کسی غلط فہمی کے شکار ہیں

ایدیش مجھے ایک ہی بات کا دکھ ہے... اگر وہ کسی اور سے پیار کرتی تھی تو مجھ سے کہہ سکتی تھی... ذات... برادری... مذہب... میں اسکی خوشی کے لئے کسی بھی چیز کی پرواہ نہیں کرتا

انسپکٹر آپ ایک اچھے باپ ہیں۔ یہ میں مانتا ہوں... مگر ساتھ ہی یہ بھی کہتا ہوں کہ آپ موہنی کے بارے میں کچھ نہیں جانتے...

ایدیش یہ تم کس طرح کہہ سکتے ہو

انسپکٹر کیا آپ جانتے ہیں کہ وہ سمن کے نام سے رسالوں میں کہانیاں لکھا کرتی تھی...

ایدیش لکھنے کا شوق تھا اُسے! یہ مجھے معلوم تھا... مگر اس کی کہانیاں چھپتی بھی تھیں... یہ مجھے اندازہ نہیں تھا...

انسپکٹر وہ جتنے دن بھی زندہ رہی اپنے خوابوں کی جنت میں جیتی رہی۔ اور جس دن ایک بے رحم ہاتھ اسے کھینچ کر اس بے رحم دنیا میں لے آیا... وہی اس کی زندگی کا آخری دن ثابت ہوا

ایدیش ایک بے رحم ہاتھ؟ کون راجیش!

انسپکٹر آپ جانتے ہیں راجیش کون تھا

ایدیش کاش میں جانتا!

انسپکٹر راجیش اس کی کہانی کا ایک کردار تھا۔

ایدیش: اس کی کہانی؟

انسپکٹر: اس کی تنہائی کی کہانی — وہ ایک خیالی کردار تھا... ایک ایسا پیکر... جس کا اس نے خواب دیکھا تھا... ایک ایسا آدمی جس کو پانے کی آرزو تھی اُسے... چند بے نام آرزوؤں کا نام تھا راجیش!

ایدیش: مگر اس کا ثبوت... لوگ ثبوت چاہیں گے!

انسپکٹر: (ڈائریاں دکھاتے ہوئے) درجنوں ثبوت ہیں ان میں۔ وہ کاغذات جو میں نے دئے تھے انھیں ڈائریوں کے پھٹے ہوئے اوراق ہیں..

ایدیش: (چہرے پر اطمینان) بھگوان! تیری کرپا اپرم پار ہے

انسپکٹر: (ڈائری کا ایک صفحہ کھول کر) ۱۷ اپریل کو موہنی بہن لکھتی ہیں...

(آواز انسپکٹر کی بھی ہو سکتی ہے اور موہنی کی بھی)

موہنی / انسپکٹر: میں جب بھی اپنے گرد نظر ڈالتی ہوں تو ایک بڑی بھیڑ جمع پاتی ہوں مگر کیسا ستم ہے یہ... کہ میں پھر بھی تنہا ہوں... تنہائی کے اس صحرا میں اکیلی کس طرح چلوں میں

مگر اب میں تنہا نہیں رہوں گی... میں ایک صنم خود اپنے ہاتھوں سے تراشوں گی... ایک ایسے انسان کو الفاظ کا لباس پہناؤں گی جو ہر اعتبار سے مکمل ہو... انسانیت کا خواب...

میرے بعد لوگ اسے میری زندگی کی بھول بھلیوں میں تلاش کریں گے... اور پھر نہ جانے کیسی کیسی کہانیاں تراشیں گے۔ مگر کسی نادان کو یہ خیال نہیں آئے گا کہ راجیش محض ایک نام ہے... ایک پرچھائیں...

ایدیش: (چہرہ کھل اٹھتا ہے) تم نہیں جانتے... میں کتنا خوش ہوں..

ایسا لگتا ہے جیسے میرے ذہن پر سے ایک بھاری پتھر اٹھ گیا ہے

انسپکٹر ایک اور اطلاع ہے انکل آپ کے لئے

اپدیش کہو بیٹے! اب میں کچھ بھی سن سکتا ہوں

انسپکٹر موہنی کے سسرال والوں کی قبل از گرفتاری ضمانت منسوخ ہو گئی ہے...

اپدیش وہ کیسے!!

انسپکٹر ایک نقلی راجیش گرفتار ہو چکا ہے... اور ان کے گھر کا پرانا نوکر... راموجس نے موہنی کو قتل ہوتے اپنی آنکھوں سے دیکھا اب وعدہ معاف گواہ ہے...

(اپدیش شدت جذبات سے سر پکڑ کر بیٹھ جاتا ہے۔ چند لمحے بعد سر اوپر اٹھاتا ہے... آنکھوں میں آنسو)

اپدیش شکریہ انسپکٹر

(انسپکٹر صرف مسکراتا ہے...)

اپدیش تم نے بالکل ٹھیک کہا تھا انسپکٹر... آج مجھے احساس ہوا... واقعی میری موہنی... بہت اکیلی تھی

(منظر فیڈ آؤٹ)

کہیں دور

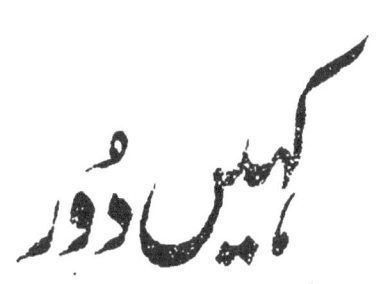

کردار

۱۔ پرکاش   (نوجوان... شاعر)
۲۔ سیما   (نوجوان... ایک امیر باپ کی بیٹی)
۳۔ رحیم   (نوکر... پرکاش کے گھر میں)
۴۔ عشرت   (پرکاش کے والد کے دوست)
۵۔ آنند   (پرکاش کے والد)
۶۔ ماں   (پرکاش کی ماں)
۷۔ آواز نمبر۱   (ایک آدمی)
۸۔ آواز نمبر۲   (دوسرا آدمی)
۹۔ باپ   (سیما کا باپ)
۱۰۔ دوست   (پرکاش کا دوست)
۱۱۔ روحی   (سیما کی کلاس فیلو)
۱۲۔ کلرک   (کوئی بھی عمر)
۱۳۔ ونے   (سیما کا دوست اور عاشق)

پہلا منظر

(فلم بغیر آواز کے)

(آسمان کی بلندیوں میں ایک اڑتی ہوئی چیل... کچھ دیر.... کچھ بادلوں کے ٹکڑے.... پھر وہ اکیلی چیل... اڑتی ہوئی... اور اس کے بعد دور ہوتی ہوئی... پہلا Caption "کہیں دور" ایک پیڑ کے تنے پر آویزاں... اس کے بعد کیمرہ ایک گھنے جنگل کی منظر کشی کرتا ہوا ایک بلند پیڑ کی چوٹی پر... اور اس کے بعد کیمرہ چوٹی سے پین کرتے ہوئے نیچے... اور نیچے یہاں تک پرکاش کیمرے کے فریم میں آجاتا ہے جو اسی پیڑ سے پیٹھ لگائے آنکھیں بند کیے کسی سوچ میں غرق ہے ... گود میں ایک ڈائری کھلی ہوئی پڑی ہے... قلم اس کے ہاتھ میں ہے کیمرہ قریب ہوتے ہوئے اس تحریر کا کلوز اپ جو ڈائری میں ہے... اس پر لکھا ہے)

(تحریر ـــــ... مصنف کا نام)

(کیمرہ ڈائری سے اوپر اٹھتا ہوا... اب پرکاش کے چہرے پر جس کی آنکھیں اب کھلی ہوئی مگر خلا میں تکتے ہوئے جیسے کوئی خوبصورت نظر اس کی آنکھوں میں رقصاں ہے... کیمرہ ایک خوبصورت لڑکی پر جو ایک ڈھلان سے نیچے بھاگتے ہوئے مگر اس طرح کہ اسکی پیٹھ کیمرے کی طرف ہے اور پھر وہ ایک پیڑ کا سہارا لے کر رک جاتی ہے... کیمرہ پھر اس کی پیٹھ پر... جس کے زیر و بم سے یہ اندازہ ہو کہ وہ

اپنے پھولے ہوئے سانس کو قابو میں کر رہی ہے ... اور وہاں سے کیمرہ پہاڑی ندی کی سرکش موجوں پر جو پتھروں سے سر ٹکراتی آگے بڑھتی جاتی ہیں ... اور پھر ایک پتھر پر ... اس پر لکھا ہے) (ہدایت و پیشکش ... ہدایت کار کا نام)

(کیمرہ ایک بار پھر پرکاش پر .. جو اس وقت اپنی ڈائری میں لکھنے میں مصروف ہے ... گیت پس منظر میں بجتا رہتا ہے ...)

(گیت)

سانجھ سویرے
اپنے پھیرے
جانے کس کی گلیوں
آنکھیں جس کی گہری جھیلیں
زلفیں جس کی مست گھٹائیں
جب وہ چلے لہراتی گاتی
چنچل لہریں سر ٹکرائیں
روپ نگر کی وہ شہزادی
ایسے دلوں میں بس جاتی ہے
جیسے بھینی بھینی خوشبو
بس جاتی ہے کلیوں میں
سانجھ سویرے
اپنے پھیرے
جانے کس کی گلیوں (میں) ...

(کیمرہ ورک)

پرکاش کا کلوز اپ ... اور پھر کیمرہ دور ہوتا ہوا ایک لڑکی پر جو کیمرے سے دور جاتی ہوئی، لڑکی کی آنکھوں کا کلوز اپ۔ ایک لڑکی کی بکھری ہوئی زلفیں لہراتی ہوئیں امڈ کر آتی ہوئی گھٹاؤں میں مدغم

(نوٹ! کسی بھی وقت لڑکی کا چہرہ establish نہ ہو کیونکہ وہ چہرہ ابھی تک شاعر کی کلپنا ہے۔ کوئی جیتی جاگتی حقیقت نہیں ...)

(وہی لڑکی ... ایک خوبصورت وادی میں ایک پتھر پہ بیٹھی ہوئی ... کیمرے کی طرف پیٹھ ... مگر اداس گنگنا رہی ... کیمرہ چند خوبصورت پھولوں پر ... اور

اس کے بعد پھر پرکاش پر۔۔۔ جو ڈائری میں لکھ رہا ہے۔۔۔ سوچتا ہے۔۔۔ لکھتا ہے۔۔۔ گیت جاری رہتا ہے۔۔۔ ایک لڑکی کے قدم پرکاش کی طرف بڑھتے ہوئے۔۔۔ ننگے پیر۔۔۔ مخالف سمت سے ایک مرد کے قدم جو معمولی چپل پہنے ہوئے ہے۔۔۔ پرکاش کی طرف بڑھتے ہوئے۔۔۔ کیمرے کا زاویہ ایسا کہ ایک ترشول بنے جس کا مرکز خود پرکاش ہو۔۔۔ مرد اور عورت مخالف سمتوں سے آکر پرکاش کے قریب ٹھہر جاتے ہیں۔۔۔ ایک ہاتھ پرکاش کی طرف بڑھتا ہے۔۔۔ پرکاش آنکھیں کھول دیتا ہے جیسے ہی پرکاش آنکھیں کھولتا ہے۔۔۔ لڑکی کیمرے کے فریم سے غائب۔۔۔ کیمرہ آدمی پر۔۔۔ جب تک وہ پورا فریم میں آجاتا ہے۔۔۔ سادہ سے کپڑے پہنے ایک بوڑھا آدمی۔۔۔) (فلم معہ آواز)

پرکاش (چونک کر) ارے۔۔۔ رحیم چاچا تم!

رحیم ہاں بیٹے!! (مسکراتے ہوئے) کیا تم کسی اور کا انتظار کر رہے تھے!

پرکاش ہاں چاچا! (ڈائری بند کرتے ہوئے ایک ٹھنڈی سانس لے کر) ایک بہت ہی خوبصورت چیز کا!

رحیم خوبصورت چیز؟ میں کچھ سمجھا نہیں بیٹے!

پرکاش پہلے میں تو سمجھ لوں۔۔۔ (مسکراہٹ) پھر آپ کو بھی سمجھا دونگا!

رحیم بھیا کی باتیں!! اچھا گھر چلو! تمہارے عشرت انکل آئے ہیں۔۔۔ اور تمہیں بلا رہے ہیں

پرکاش (ایک دم اچک کر کھڑا ہوتے ہوئے) عشرت انکل!! بس ایک منٹ اپنا حلیہ درست کر کے فوراً آیا

(منظر بدلتا ہے۔۔۔ کیمرہ ایک ڈرائنگ روم سیٹ پر)
(Cut -- to Studio - a Drawing Room Set)

دوسرا منظر

(ایک پُر تکلف ڈرائنگ روم... جس میں پرکاش کے والد مسٹر آنند
اور ان کے دوست عشرت بیٹھے ہوئے ہیں۔ جیسے ہی کیمرہ ان دونوں
پر آتا ہے تو دونوں بے اختیار ہنس رہے ہوتے ہیں...)

عشرت (ہنسی پر قابو پاکر) آنند! تو کبھی نہیں سدھرے گا!

آنند ابے آہستہ بول... تیری بھابی سن لے گی... بڑھاپے میں میری مٹی خراب کرائے گا!

عشرت بھابی سے اتنا ڈرتا ہے تو پھر ہاتھ پاؤں کیوں نکالتا ہے...

آنند چور کو چوری نہ کرنے دو... میں مانتا ہوں... مگر اس سے ہیرا پھیری کا حق تو نہ چھینو!

عشرت اس سے تو۔ تو کبھی باز نہیں آسکتا

رحیم (اندر آکر) سرکار! پرکاش بھیا ابھی آتے ہیں...

عشرت ارے ہاں... پرکاش کے بارے میں کیا سوچا!

آنند اس کے بارے میں کیا سوچنا ہے۔ اس سال انجینئرنگ کالج میں اس کا داخلہ کرادیں گے اور پھر اس کی ڈگری مکمل ہونیکا انتظار کریں گے۔

عشرت داخلہ ہو جائے گا انجینئرنگ میں؟

آنند بالکل ہوگا!

عشرت اتنا یقین؟... آج کل بہت مشکل ہے کچھ کہنا آنند!

آنند اس کی ایک وجہ ہے عشرت!

عشرت وہ کیا؟

آنند اپنی زندگی کا ایک اصول ہے... اگر لائن سے ٹکٹ نہ ملے تو بلیک میں خرید لو!

عشرت یہ بہت بڑا جوا ہوگا! خیر... پرکاش سے پوچھ لیا ہے

آنند نہیں... اس کی ضرورت بھی نہیں... وہ اچھی طرح جانتا اور سمجھتا ہے کہ میں جو کچھ بھی کرتا ہوں... اس کی بھلائی کیلئے کرتا ہوں

عشرت اپنے اعتبار کی دیوار، اتنی اونچی نہ اٹھاؤ میرے دوست کہ وہ دھڑام سے نیچے آن گرے..

آنند میری ایک بات سن لو عشرت! پرکاش کو انجینئر بننا ہے... یہ میرا آخری فیصلہ ہے... اس کو پرکاش تو کیا بھگوان بھی نہیں بدل سکتا

تیسرا منظر

(اسٹوڈیو کا دوسرا سیٹ...)

(سونے کا کمرہ... ماں بیٹھی ہوئی ہے... پریشان سی... اور پرکاش غصے میں ٹہل رہا ہے... پرکاش رک کر... ماں کی طرف مڑتے ہوئے)

پرکاش ماں... میں تم سے ہزار بار کہہ چکا ہوں کہ انجینئرنگ میرا بس...

کاردگ نہیں ہے...

ماں: تم اچھی طرح جانتے ہو کہ تمہارے پتا جی کا فیصلہ کیا ہے... اور وہ اپنی ضد کے آگے کسی کی نہیں چلنے دیتے!

پرکاش: اگر وہ اپنی ضد کی سولی پر میری صلاحیتوں کو پھانسی دینا ہی چاہتے ہیں تو ان سے کہہ دیجئے کہ یہ سودا انہیں بہت مہنگا پڑے گا!

ماں: اپنے باپ کے لئے ایسا کہتے ہوئے تمہیں شرم نہیں آتی!

پرکاش: ضد کسی کی بھی ہو... بری ہوتی ہے

ماں: تم بھی تو ضد کر رہے ہو

پرکاش: میں اپنی زندگی اپنے طور پر جینے کا حق مانگ رہا ہوں... آپ اس پر ضد کا لیبل کیوں لگاتی ہیں...

ماں: یہ زندگی ہے نا بیٹے! کانٹوں کی سیج سے کم نہیں!

پرکاش: اگر کانٹے ہی میرا مقدر ہیں تو مجھے کانٹے چن لینے دیجئے... میں آپ سے شکایت نہیں کروں گا!

ماں: ایک دن تم بھی باپ بنو گے پرکاش! کسی روز یہ جملہ اپنے بیٹے کی زبان سے سن کر دیکھنا تو تب تمہیں اندازہ ہوگا کہ الفاظ کی دھار کتنی تیز ہوتی ہے۔

پرکاش: آپ بھی کسی ادھ کھلی کلی کو شاخ سے توڑ کر اپنے بالوں میں سجا لیجئے آپ بھی دیکھ لیں گی کہ غنچے کس طرح بن کھلے مرجھا جاتے ہیں..

چوتھا منظر

(ڈرائنگ روم کا سیٹ...)

(آنند ایک گلدان کے قریب کھڑا ہے... اس میں سوکھے ہوئے پھول ہیں... وہ ان کو گلدان سے نکالتا ہے اور کھڑکی سے باہر یا پھر کمرے میں ایک کوڑے دان ہو... اس میں پھینک دیتا ہے۔
اب کیمرے پر پورا سیٹ... ایک صوفہ پر عشرت بیٹھا ہے جو فکرمند نگاہوں سے آنند کی طرف دیکھ رہا ہے)

عشرت (تھوڑی دیر بعد) ہر عہد کی سچائی الگ ہوتی ہے آنند! میرا خیال ہے تم یہ ضد چھوڑ دو... آج کے بچے وہ نہیں ہیں جو کبھی ہم تھے...

آنند (قریب آکر بیٹھتے ہوئے) تم آج کے عہد کی سچائی کی بات کر رہے تھے... میں بھی تو یہی کہتا ہوں... اس عہد کی سچائی ٹیکنولوجی (Technology) ہے... انجینئرنگ ہے...

عشرت میں کچھ اور کہہ رہا تھا... بات یہ ہے آنند! انسانی زندگی مشینوں سے آگے تک جاتی ہے..

آنند میں تمہاری سوچ پر پہرے تو نہیں بٹھا سکتا!

عشرت آنند! سمجھ دار باپ وہ ہے جو کوئی ایسی بات زبان پر نہیں لاتا جس پر اولاد انکار میں سر ہلا دے۔

آنند تم سمجھتے کیوں نہیں عشرت! میرے تمام انڈے ایک ہی ٹوکری

میں تو ہیں ... پرکاش میرا اکلوتا بیٹا ہے

عشرت یہ کون سے شاستر میں لکھا ہے کہ ہر اکلوتا بیٹا انجینئر ہو...

آنند (ٹھنڈی سانس) کاش تم سمجھ سکتے... پرکاش میرا بیٹا ہی نہیں میری پیاسی آتما بھی ہے... وہ سب کچھ جو میں نے آنند بن کر کھویا ہے وہ پرکاش بن کر پا لینا چاہتا ہوں۔

عشرت (انکار میں گردن ہلاتے ہوئے) اسے پسند کی قید سے آزاد کردو آنند اسی میں سب کی بھلائی ہے۔

آنند تم مجھ سے وہ چاہتے ہو جو میں سوچ بھی نہیں سکتا... نہیں عشرت نہیں... پرکاش کو بدلنا ہوگا... وہ انجینئر بن کر رہے گا... یہ میرا آخری فیصلہ ہے۔

پانچواں منظر

(سٹوڈیو سیٹ نمبر ۲)

(بیڈ روم... پرکاش منہ پھلائے چارپائی پر لیٹا ہے... ماں پاس ہی کرسی پر بیٹھی چاول یا دال چن رہی ہے... بار بار نظریں اٹھا کر پرکاش کی طرف دیکھ لیتی ہے... کچھ دیر توقف کے بعد)

ماں تم نے کچھ کہا نہیں بیٹے!

پرکاش تمام فیصلے جب آپ لوگ خود کر لیتے ہیں... تو پھر مجھ سے پوچھنے کی کیا ضرورت ہے

ماں اپنی ماں سے ایسی کڑوی کسیلی باتیں کرتا ہے

پرکاش تو پھر اور کس سے کروں؟ میرے دل کی ہر دھڑکن پر آپ کی ممتا کے پہرے ہیں... مجھے زندگی بھر آپ لوگوں کے پیار کا خراج ادا کرنا ہے... ایک غلام سے اس کی مرضی کیوں پوچھتی ہیں آپ
(اٹھ کر تیزی سے باہر چلا جاتا ہے... ماں پکارتی رہ جاتی ہے...)

ماں پرکاش! پرکاش!
(پرکاش کے باہر جانے کے بعد... ماں کی نظریں کارنس کیطرف اٹھتی ہیں جہاں ایک ڈبل فریم میں پرکاش اور آنند کی تصویریں ہیں ان دونوں کا کلوز اپ... کیمرہ پھر ماں پھر... ایسا تاثر جیسے وہ ان دونوں کی ضد سے پریشان ہو... پھر سر جھکا کر چاول چننے لگتی ہے)

چھٹا منظر

(... فلم بغیر آواز کے ...)

(پرکاش کندھے پر کپڑے کا ایک تھیلا لٹکائے اپنے خیالوں میں گم چلا جا رہا ہے کہ ایک ہلکی سی گنگناہٹ پر وہ چونک اٹھتا ہے اس کی نظریں اس طرف اٹھتی ہیں... سیما... ایک خوبصورت لڑکی کھڑی پینٹ کر رہی ہے... ایک لٹ اس کے گالوں کو چھوتی ہوئی... ہر چند سیکنڈ کے بعد وہ ایزل کو پیچھے ہٹ کر دیکھتی ہے کہ رنگوں کا امتزاج کیسا ہے... پرکاش ایک پیڑ کی آڑ میں ہو جاتا ہے... بیٹھ کر اس کو دیکھتا ہے... کچھ سوچ کر ڈائری نکالتا ہے اپنے بیگ سے اور اسکے

بعد کیمرہ کبھی سیما پر تو کبھی پرکاش پر۔ سیما اپنی پینٹنگ میں مصروف ہے اور پرکاش اپنی نظم لکھنے میں... نظم پہلے سے پرکاش کی آواز میں ریکارڈ کی ہوئی... آواز پس منظر سے آتی رہتی ہے)

بیلے کی کلیوں کی طرح نازک	سیما کی انگلیوں کا کلوزاپ
تیری انگلیاں	
جب رنگوں کو چھو لیتی ہیں	تصویر کا کلوزاپ
تو ان میں جان پڑ جاتی ہے	
تیری معصوم پیشانی کو چومتی ہوئی یہ لٹ	سیما کا کلوزاپ۔ ایک شریر لٹ
میرے کان میں چپکے سے کہہ جاتی ہے	سیما کی پیشانی پر۔ پرکاش کا کلوزاپ لکھتے ہوئے
تو نے دیکھا	
اے اجنبی ہم سفر	سیما کا کلوزاپ
کچھ گناہ کتنے معصوم ہوتے ہیں	

پرکاش اپنی ڈائری بند کرتا ہے... ایک بار پھر سیما کی طرف دیکھتا ہے اور اپنی راہ لیتا ہے

(منظر ڈزالو...)

ساتواں منظر

(سٹوڈیو سیٹ ۱)

(ڈرائنگ روم... جس میں آنند بیٹھا اخبار پڑھ رہا ہے... پرکاش

وہی تھیلا جو پچھلے منظر میں تھا کندھے پر لٹکائے اندر آتا ہے کنکھیوں سے باپ کی طرف دیکھتا ہے اور پھر نظریں جھکائے اندر دوسرے کمرے میں جانے لگتا ہے ... آنند اخبار سے ایک لمحے کیلئے نظر نظریں اٹھا کر آواز دیتا ہے)

آنند پرکاش!

(پرکاش کچھ کہے بغیر رکتا ہے... مڑ کر آنند کی طرف سوالیہ نظروں سے دیکھتا ہے)

آنند تمہارا رزلٹ آگیا؟..

پرکاش جی!

آنند تم نے بتایا نہیں!

پرکاش رزلٹ بتانے والا نہیں تھا!

آنند کیا مطلب!

پرکاش میں انجینئرنگ ایڈمیشن ٹیسٹ میں فیل ہو گیا ہوں ڈیڈی!

آنند (حیرت سے) فیل ہو گئے ہو!؟ کیا کہہ رہے ہو تم!

پرکاش وہی کہہ رہا ہوں ... جو سچ ہے!

آنند مگر یہ کس طرح ہو سکتا ہے... تم تو آج تک کبھی فیل نہیں ہوئے.

پرکاش آج کے بعد آپ ایسا نہیں کہہ سکیں گے ...

آنند اس کا مطلب ہے کہ تم جان بوجھ کر فیل ہوئے ہو

پرکاش آپ مجھے گالی دے رہے ہیں ڈیڈی! دھوکہ اپنے آپ سے ہو یا دوسرے سے... مجھے سخت نفرت ہے اُس سے!

(آنند کا چہرہ غصے سے سرخ ہو جاتا ہے... کچھ کہنا چاہتا ہے...

رک جاتا ہے... اخبار ایک طرف رکھ دیتا ہے۔ ایک ٹھنڈی سانس لے کر پرکاش کی طرف دیکھتے ہوئے)

آنند پرکاش!

پرکاش جی ڈیڈی!

آنند تم شاعری کرتے ہو نا...

پرکاش کوشش کرتا ہوں

آنند ایک آدمی ہے... جس نے اپنی زندگی کی فصیل پر... ایک بے نام سی آرزو کے نام ایک چراغ روشن کر رکھا ہے... وقت کی ہوا کا جھونکا اس کو بجھانا چاہتا ہے... کیا تم سوچ سکتے ہو کہ اس کے دل پر کیا گذرتی ہوگی۔

پرکاش پلیز ڈیڈی! کاش آپ سمجھ سکتے

آنند میں سب سمجھتا ہوں بیٹے... حالات جو سبق انسان کو دیتے ہیں... وہ کبھی نہیں بھولتا... مگر ہاں... اگر تم کبھی اپنی ذات کے حصار سے باہر آسکو تو ایک لمحے کے لئے میرے دل میں جھانک کر دیکھنا ... شاید تمہیں اندازہ ہو جائے کہ میں کتنا اکیلا ہوں...

(منظر فیڈ آؤٹ)

آٹھواں منظر

(کیمرہ ایک خوبصورت سی پینٹنگ پر... مگر اس پینٹنگ جس کا عنوان تنہائی ہو رہا ہو... پرکاش اس پینٹنگ کو توجہ سے دیکھ رہا ہے...

وہ تصویر کچھ اس انداز سے رکھی ہو لیبل وغیرہ لگا کر جیسے کہ وہ
کسی آرٹ ایگزیبیشن کا حصہ ہے... دو آوازیں آتی ہیں...
پرکاش کے چہرے پر کیمرہ مگر وہ مڑ مڑ کر ان آدمیوں کی طرف
دیکھتا ہے مگر وہ کیمرے کے فریم میں کبھی نہیں آتے)

آواز ۱ پہلا انعام کس تصویر کو ملا
آواز ۲ وہ تصویر! تنہا اس کونے میں۔ تنہائی
آواز ۱ کس کی تصویر ہے یہ
آواز ۲ ہے ایک مس سیما شرما... بڑی نمکین چیز ہے
(پرکاش غصے سے مڑ کر دیکھتا ہے)
آواز ۱ پھر بھی تنہا ہے
آواز ۲ امیروں کے چونچلے... ہر نوجوان کے دل میں بس جاتی ہیں مگر
تنہا ہیں
آواز ۱ کرتی کیا ہے
آواز ۲ پینٹ کرتی ہے... یہ کم ہے کیا
(دونوں کا ملا جلا مگر دبا دبا قہقہہ)
(منظر ڈزالو ہو کر پرکاش کے چہرے پر)

نواں منظر

(سیما کھڑی ہوئی ہے ایک خوبصورت ڈرائنگ روم میں اسکے
ڈیڈی... جو ہر انداز سے ایک انتہائی دولت مند قدرے مغرور شخص)

سیما: ڈیڈی یہ کیسے فرض کر لیا آپ نے کہ ہر کام دو روٹیوں کا مسئلہ ہوتا ہے۔

باپ: تو پھر سوشل ورک کرو۔ نام کا نام اور رہر منسٹر تک رسائی

سیما: میں ایسا کچھ نہیں کروں گی ڈیڈی ... میرا مزاج سوشل ورک سے میل نہیں کھاتا

باپ: میری مانو تو ایک بات کر لو

سیما: کروں گی تو وہی جو میرا دل چاہے گا... مگر آپ کا مشورہ سن ضرور سکتی ہوں

باپ: میرا خیال ہے بیٹے... تم اب شادی کر لو... بعد میں میاں بیوی مل کر فیصلہ کر لینا کہ تمہیں کیا کرنا ہے

سیما: مجھے کیا کرنا ہے میں اکیلے بہتر سوچ سکتی ہوں ... اب رہی بات شادی کی تو سچ ڈیڈی

I hate this institution

باپ: مگر بیٹے! کیا برائی ہے شادی میں

سیما: شادی میرے نزدیک ایک ایسی رسّی ہے جو ایک ہرے بھرے جنگل میں قلانچیں بھرتے ہوئے ہرن کی گردن میں ڈال کر ایک شکاری کے ہاتھ میں تھما دی جائے

باپ: اس کی فکر تم نہ کرو... میں تمہارے لئے ایسا شوہر تلاس کروں گا جس کے گلے کی رسّی تمہارے ہاتھ میں ہوگی۔

سیما: میں ایسے آدمی کی صورت دیکھنے سے پہلے مرجانا بہتر سمجھوں گی

باپ: عجیب چیز ہو تم۔ کسی طرح چین ہی نہیں ہے

سیما: آپ کے پاس جو بے تحاشہ دولت ہے ڈیڈی... اس نے آپ کو بہت چھوٹا بنا دیا ہے...

باپ: سیما!! (مصنوعی غصّے سے) مت بھولو کہ تم اپنے باپ سے باتیں کر رہی ہو۔

سیما: سچ بات تو کسی سے بھی کہی جا سکتی ہے... سچائی یہ ہے ڈیڈی کہ آپ لوگوں کو پرکھتے نہیں تولتے ہیں

(منظر فیڈ آؤٹ)

دسواں منظر

(پرکاش کے گھر کا ڈرائنگ روم... باپ ٹہل رہا ہے جیسے اسے کسی کا انتظار ہو... پرکاش اندر سے آتا ہے... کندھے پر اس کے تھیلہ لٹکا ہوا ہے۔ باہر جانے کے لئے تیار ... باپ رک کر)

آنند: پرکاش!

پرکاش: (رکتے ہوئے) جی ڈیڈی!

آنند: (ایک خاکی لفافہ اس کی طرف بڑھاتے ہوئے) یہ لو بیٹے!

پرکاش: (سوالیہ نظروں سے) یہ کیا ہے...

آنند: تمہاری انجینئرنگ کالج کی سیٹ!

پرکاش: مگر میرا داخلہ کس طرح ہوا... میں تو فیل ہو گیا تھا

آنند: یہاں تو تمہارا داخلہ نہیں ہو سکا... باہر کے ایک کالج میں کرا دیا ہے۔

پرکاش مگر وہ کس طرح ڈیڈی!

آنند ڈونیشن! کچھ کالج ڈونیشن لے کر داخلہ کر دیتے ہیں

پرکاش یہ تو کھلی ہوئی دوکانداری ہے ڈیڈی!

آنند ہے... مگر کیا کروں... میرے پاس کوئی اور راستہ نہیں تھا

پرکاش (لفافہ لیتے ہوئے) ایک راستہ تھا آپ کے پاس!

آنند وہ کیا بیٹے!

پرکاش آپ انجینئرنگ کا خیال چھوڑ دیتے... اس دنیا میں ہر آدمی تو انجینئر نہیں ہے...

آنند مگر تم انجینئر بنو گے... یہ میں نے اسی روز سوچ لیا تھا جب تم پیدا ہوئے تھے...

پرکاش کتنا اچھا ہوتا کہ آپ نے یہ فیصلہ مجھ پر چھوڑ دیا ہوتا... خیر کتنا ڈونیشن دینا پڑا

آنند پچاس ہزار!!

پرکاش (ایک دم اچھل کر) پچاس ہزار! اتنا روپیہ کہاں سے آیا آپ کے پاس

آنند میں نے اپنی آدھی پنشن بیچ دی ہے

پرکاش یہ کتنی بڑی ٹریجڈی ہے ڈیڈی! ایک طرف تو آپ نے مجھے اتنی آزادی دی کہ ہر چھوٹی بڑی بات کے لئے مجھ سے پوچھا۔ اور دوسری طرف اتنا بڑا فیصلہ کر لیا اور مجھ سے پوچھا تک نہیں...

آنند مجھے اندازہ تھا کہ تم اتنی بڑی رقم کا نام سن کر انکار کر دو گے

پرکاش مگر ڈیڈی... آپ نے سوچا کیا! پانچ برس تک آپ مجھے دوسرے

	شہر میں پڑھائیں گے... آدھی پنشن میں آپ میرا خرچ اٹھائینگے.. یا پھر اپنا پیٹ بھریں گے۔
آنند	بس خالی پیٹ تو سو سکتا ہوں پرکاش... مگر یہ نہیں سوچ سکتا کہ تم انجینئر نہیں ہو
پرکاش	جتنا کچھ آپ میری تعلیم پر خرچ کر چکے ہیں اور کرتے جارہے ہیں اتنا تو میں اس جنم میں تو کیا دوسرے جنم میں بھی نہیں کما سکتا
آنند	کچھ انجینئر اتنا سال بھر میں کما لیتے ہیں...
پرکاش	آپ اچھی طرح جانتے ہیں کہ میں ان میں سے کبھی نہیں ہو سکتا
آنند	حالات کی تیز دھوپ میں ہر رنگ اتر جاتا ہے
پرکاش	لباس بدلا جاتا ہے ڈیڈی... آتما نہیں...
آنند	فی الحال اس بحث کو جانے دو۔ اور جانے کی تیاری کرو... محنت سے پڑھنا... اور اچھے نمبر لے کر پاس ہونا... بس میری یہی آرزو ہے۔
پرکاش	ایسی آرزو جو انسانی خون پر پلتی ہو... اس کا گلا کیوں نہیں گھونٹ دیا آپ نے
آنند	آرزوؤں کا رشتہ دل کی دھڑکن سے ہوتا ہے... انھیں ختم کرنے کے لئے خود کو ختم کرنا پڑتا ہے۔
پرکاش	آپ کچھ بھی کہیں ڈیڈی... میں یہ کیسے بھول سکتا ہوں کہ آپکو اور ممی کو اب آدھی پنشن میں گذارا کرنا ہے
آنند	آدھی بھی کہاں... تمہاری پڑھائی کا خرچ بھی تو ہو گا
پرکاش	وہ نہیں ہو گا... چاہے مجھے رکشہ ہی کیوں نہ چلانا پڑے...

مگر اب میری تعلیم آپ پر بوجھ نہیں بنے گی۔

آنند   تم کسی طرح انجینئر بن جاؤ... میں اپنے تمام فاقوں کو اپنے بھوکے پیٹ کی چہار دیواری میں تھپک تھپک کر سلا دوں گا...

(منظر فیڈ آؤٹ)

گیارہواں منظر

(فلم پر یہ منظر معہ آواز کے)

(پرکاش اور اس کا دوست دونوں یونیورسٹی لان میں بیٹھے باتیں کر رہے ہیں... ان سے کافی فاصلے پر سیما ان سے بے نیاز بیٹھی ایک کتاب پڑھ رہی ہے)

دوست   تم بار بار اس لڑکی کی طرف کیا دیکھتے ہو

پرکاش   کچھ چہروں میں عجیب سی کشش ہوتی ہے... چاہے پہلی بار ان سے ملیں... مگر ایسا محسوس ہوتا ہے جیسے صدیوں سے انھیں جانتے ہوں۔

دوست   خیریت چاہتے ہو تو اس کے پاس کبھی نہ پھٹکنا

پرکاش   کیوں

دوست   نام بعد میں پوچھتی ہے... پہلے دو چار ہاتھ رسید کر دیتی ہے

پرکاش   اب تک کتنی بار پٹے ہو

دوست   اسی ارمان میں تو جی رہا ہوں

پرکاش   یہاں کیا کر رہی ہے یہ...

دوست Architecture میں ڈگری لے رہی ہے

پرکاش کس کی بیٹی ہے...

دوست یہاں کی نہیں ہے۔ مگر کسی غریب گھر کی لگتی ہے

پرکاش یہ تم کس طرح کہہ سکتے ہیں

دوست امیروں والا کوئی چونچلا نہیں ہے اس میں.. سیدھی سادی زندگی... اپنے کام سے کام

(منظر فیڈ آؤٹ)

بارہواں منظر

(ایک بار پھر یونیورسٹی لان... اس دفعہ سیما اور اس کی سہیلی روحی بیٹھے ہوئے ہیں... اس دفعہ پرکاش اکیلا ہے.. خاموش ایک پیڑ سے سر ٹکائے بیٹھا ہے... جیسے سوچ میں ڈوبا ہو... یہ منظر بھی فلم پر معہ آواز یا پھر E.N.G پر ہو)

روحی دیکھ سیما... وہ پرکاش ہے... جس نے کل کے فنکشن میں گیت گایا تھا...

سیما ہو گا!

روحی تو نے اس کا گیت سنا تھا...

سیما سنا تھا!

روحی کیسا لگا!

سیما گیت اچھا تھا... جس نے بھی لکھا تھا...

روحی　کیا مطلب؟ کیا گیت پرکاش کا نہیں تھا...

سیما　ہمارے ملک میں شاعر اور ادیب آج بھی غریب ہیں۔ یہ نوجوان کسی کو سو پچاس روپئے دے کر دو چار گیت لکھوا لیتے ہیں اور پھر لڑکیوں کو impress کرنے کے لئے شاعر بن بیٹھتے ہیں۔

روحی　پرکاش بہت سوبر ہے

سیما　ہاں۔ ایکٹنگ اچھی کر لیتا ہے

روحی　یار! وہ تو کسی کی طرف نظر اٹھا کر بھی نہیں دیکھتا

سیما　جانے دے روحی! یہ سب لڑکیوں کو پھانسنے کے لئے گھسے پٹے فارمولے ہیں۔

روحی　کچھ بھی ہو... پرکاش تجھ پر مرتا ہے...

سیما　لڑکیوں پر مرنے کا کام ہر لڑکا کر لیتا ہے

روحی　کر لے شادی دن رات گیت سنا یا کرے گا...

سیما　اس طرح کی فضول باتیں ہمیں کچھ نہیں دیتیں... روحی وہ دیکھ... (ہوا کے دوش پر لہراتے ہوئے پیڑوں کی طرف اشارہ کر کے) ہوا کے دوش پر لہراتی ان سبز کونپلوں کی طرف دیکھ... ایسا لگتا ہے جیسے پوری کائنات رقص میں ہے

(سیما اس منظر میں کھو جاتی ہے)

(منظر فیڈ آؤٹ)

تیرھواں منظر

(پرکاش کا گھر... غربت کے آثار... ماں اور پرکاش)

ماں: یہ چار سال ہم نے کس طرح گذارے ہیں بیٹے... یہ ہم ہی جانتے ہیں...

پرکاش: میں بھی جانتا ہوں۔ مگر آپ کو تو خوش ہونا چاہیے اب میرے پاس ایک عدد انجینئرنگ کی ڈگری ہے

ماں: اب تم جلدی سے نوکری کر لو ...آدھی پینشن میں تو دو وقت کی روٹی بھی نہیں چلتی

پرکاش: اگر میں دن رات ٹیوشن نہ کرتا تو آپ کا کیا حال ہوتا

ماں: ہوتا کیا۔ جو آدھے زیور رہ رہے ہیں... وہ بھی بک جاتے

پرکاش: کچھ لوگ خود ہی زخم کھا کر خوش ہوتے ہیں۔ انھیں میں سے ایک پاپا ہیں۔

ماں: بیٹے! اب ان کے سامنے ایسی باتیں نہ کرنا۔ وہ اندر سے بہت ٹوٹ چکے ہیں...

پرکاش: میں سب سمجھتا ہوں ماں۔... اگر میں خاموش بھی رہا تو حالات ان کا مذاق اڑائیں گے۔.. آپ کیا جانیں اس وقت ملک میں کتنے انجینئر بیکار بیٹھے ہیں

ماں: ایسی باتیں نہ کر... بھگوان سب ٹھیک کر دے گا... جا نہا دھو کر کپڑے بدل لے ...میں کھانا پروستی ہوں

(منظر فیڈ آؤٹ)

چودھواں منظر

(سیما کے گھر کا ڈرائنگ روم سیٹ ... سیما اور اس کے ڈیڈی)

سیما: ڈیڈی ... اگر آپ یہ سمجھتے ہیں کہ یہ ڈگری میں نے اس لئے لی ہے کہ اس کو فریم کر کے ڈرائنگ روم میں لٹکا دیا جائے تو آپ غلط سمجھے ...

باپ: تو پھر ایک بار زبان سے کچھ کہو تو ... آخر تم کیا کرنا چاہتی ہو

سیما: وہی جو دوسرے لوگ کرتے ہیں ... نوکری!

باپ: اور اس کے بعد ... وہ جو ہزار یا پانچ سو روپیہ تمہیں ملیں گے ان سے کون سی خوشیاں خریدو گی

سیما: میں ان سے یہ اطمینان خریدوں گی کہ میں بھی کچھ کر سکتی ہوں ... میں محسوس کرنا چاہتی ہوں کہ وہ لاکھوں عورتیں جو مل ... دفتر اسکول ... کالج ... غرض ہزاروں جگہ کام کرتی ہیں ان کے کیا مسائل ہوتے ہیں ...

باپ: یہ جان کر کیا ہو گا

سیما: ہوتا کیا۔ میں ایک عورت ہوں اور عورت کے درد کو سمجھنا چاہتی ہوں

باپ: اگر ہر درد اتنی آسانی سے سمجھ میں آجایا کرتا تو پھر اس دنیا میں کوئی دکھ درد نہ ہوتا

سیما: ممکن ہے آپ سچ کہتے ہوں... پھر بھی میں اپنی زندگی کو اپنی آنکھوں سے دیکھنا چاہتی ہوں

باپ: یہ ضد بھی پوری کرلو ـــــــ جب زندگی کی ٹھوکریں نہ سہہ سکو تو میرے پاس چلی آنا...

سیما: اگر آپ میری واپسی چاہتے ہیں تو مجھے کامیابی کی دعا دیجئے۔ اگر میں ہار گئی تو کبھی واپس نہیں آؤں گی...

(منظر فیڈ آؤٹ)

پندرھواں منظر

(پرکاش کا گھر...)

(پرکاش بیٹھا اپنی ڈائری کے اوراق الٹ رہا ہے... تھوڑی دیر بعد ماں آتی ہے)

ماں: ارے (حیرت سے) کیسے بیٹھے ہو بیٹے... باہر نہیں گئے۔

پرکاش: کہاں جاؤں ماں... یہ بھی بتا دو

ماں: اگر میں جانتی تو خود ہی چلی جاتی... بیٹے نراش نہیں ہوتے۔ ڈھونڈنے سے تو بھگوان بھی مل جاتا ہے... نوکری کیا چیز ہے

پرکاش: بھگوان نے تو اس زمین پر اتنے ٹھکانے بنا لئے ہیں کہ وہ ہر گلی کے موڑ پر مل جاتا ہے... آج کل آدمی کو نروان مل جاتا ہے.. مگر نوکری نہیں...

ماں: ایسی باتیں نہ کر... بھگوان ناراض ہو جاتا ہے

پرکاش اس نے خوش ہو کر ہمیں کیا دیا ہے جو وہ ناراض ہو کر چھین لے گا

ماں اگر تو ایسی باتیں کرے گا تو میں تجھ سے روٹھ جاؤں گی

پرکاش روٹھ جا ماں... آنکھ سے نیند روٹھ گئی ہے... دل سے سکون روٹھ گیا ہے... زندگی سے امید روٹھ گئی ہے... اب یوں بھی کیا بچا ہے میری زندگی... تو بھی روٹھ جا

ماں (قریب آکر انگلیوں سے پرکاش کے بالوں میں کنگھی کرتے ہوئے) ابھی تو پوری زندگی تیرے سامنے پڑی ہے میرے بچے... ابھی سے تھک گیا تو...

پرکاش آپ لوگوں کی ضد نے میری زندگی کے خوبصورت چار سال چھین لئے اور ایک انجینئر کی تختی میرے گلے میں لٹکا دی... اب کوئی چھوٹی موٹی نوکری بھی تو نہیں کر سکتا

ماں میرے زخموں پر نمک چھڑک کر تجھے کیا ملے گا... ہم نے تو جو بھی کیا تیری بھلائی کے لئے کیا...

پرکاش اپنی راہ میں فاقے بو کر میرے چہرے پر سیاہ حرفوں میں "ایک بیکار انجینئر" لکھ دیا...

ماں سب ٹھیک ہو جائے گا... میرا دل کہتا ہے کہ تجھے نوکری ضرور مل جائے گی...

پرکاش وہ تو مل ہی جائے گی...

ماں (خوش ہوتے ہوئے) اچھا!! کہاں مل رہی ہے وہ نوکری

پرکاش ماں... اب مجھ سے کوئی کچھ نہیں پوچھے گا... مجھے اگر چپراسی کی نوکری بھی ملی تو وہ میں کر لوں گا...

(منظر فیڈ آؤٹ)

سولھواں منظر

(ایک سجا ہوا چھوٹا سا دفتر... سیما اس کی مالک ہے جس کے سامنے ایک فائل ہے جس میں بہت سی درخواستیں ہیں۔ پاس ہی ایک کلرک کھڑا ہے)

سیما انٹرویو کے لئے لوگ آگئے

کلرک جی ہاں۔

سیما تقریباً کتنے لوگ ہیں

کلرک درخواستیں تو سو سے زیادہ ہیں... مگر ابھی تک پچاس... پچپن لوگ آئے ہیں

سیما میرے پاس اتنا وقت نہیں ہے (فائل اٹھا کر کلرک کو دیتے ہوئے) جن کی کوالیفیکیشن دوسروں سے بہتر ہوں... آٹھ دس نام چھانٹ کر ایک ایک کر کے بھیج دو۔

کلرک بہت بہتر!

(کلرک فائل لے کر چلا جاتا ہے... فون کی گھنٹی بجتی ہے... سیما فون اٹھا کر)

سیما ہلو... ہاں... ہاں ڈیڈی! کیا... نہیں... نو ڈیڈی پلیز (تھوڑی دیر سن کر) ہاں ڈیڈی میں لڑکی ہوں... مگر موم کی گڑیا نہیں جس کی ناک آپ جدھر چاہیں موڑ دیں...

(فون رکھ دیتی ہے... اُسی وقت پرکاش اندر داخل ہوتا ہے جس کے ہاتھ میں ایک فائل ہے جس میں اس کے سرٹیفکیٹ وغیرہ ہیں... دونوں ایک دوسرے کو دیکھ کر ایک لمحے کے لئے حیرت زدہ رہ جاتے ہیں... پرکاش سنبھل کر)

پرکاش: نمستے!

سیما: نمستے! بیٹھئے...

(پرکاش بیٹھ جاتا ہے)

سیما: آپ کے سرٹیفکیٹ!

(پرکاش فائل اس کی طرف بڑھاتا ہے... سیما فائل کے اوراق الٹتی ہے... بیچ بیچ میں وہ پرکاش کے چہرے کی طرف بھی دیکھ لیتی ہے... پرکاش بھی بار بار سیما کی طرف دیکھتا ہے اور نظریں جھکا لیتا ہے)

سیما: آپ B.E ہیں

پرکاش: جی ہاں...

سیما: مگر ہم نے تو ڈرافٹس مین کی پوسٹ کے لئے اخبار میں اشتہار دیا تھا...

پرکاش: میں نے اسی جگہ کے لئے درخواست دی ہے

سیما: یہ انڈر ایمپلائمنٹ ہے...

پرکاش: جو یقیناً ''ان ایمپلائمنٹ'' سے بہتر ہے

سیما: ایسا لگتا ہے میں نے آپ کو کہیں دیکھا ہے

پرکاش: ہم دونوں ایک ہی کالج میں پڑھتے تھے

سیما اس لئے آپ نے یہاں اپلائی (Apply) کیا ہے...

پرکاش جی نہیں... Apply میں نے نہیں.. میری ضرورت نے کیا ہے... میں اس قدر ٹوٹ چکا ہوں کہ آپ مجھے کوئی بھی Job آفر کر کے دیکھئے میں قبول کر لوں گا!

سیما اگر میں یہ جگہ آپ کو نہ دوں

پرکاش میں آپ کی خوشامد نہیں کروں گا

سیما اگر میں آپ کو سینیر ڈرافٹس مین کا اسکیل دوں

پرکاش میں آپ کا شکریہ ادا نہیں کروں گا... یہ میرا حق ہوگا!

سیما آپ اس دفتر میں میری مرضی کے پابند ہوں گے۔

پرکاش صرف اس موڑ تک جہاں میرے اصول آپ کی مرضی سے نہیں ٹکراتے...

سیما (ہلکی سی مسکراہٹ لبوں پر) اب مجھے معلوم ہوگیا کہ آپ کو نوکری کیوں نہیں ملتی

پرکاش مجھے بھی بتا دیجئے... شاید آگے کام آئے

سیما آپ ضرورت سے زیادہ خود پسند ہیں...

(فائل پرکاش کی طرف بڑھاتے ہوئے)

پرکاش (فائل اٹھا کر کھڑا ہوتے ہوئے) شکریہ!! اسے میں انکار سمجھوں...

سیما (مسکرا کر) جی نہیں... آپ کل سے کام پر تشریف لا سکتے ہیں...

(منظر فیڈ آؤٹ)

سترھواں منظر

(پرکاش کا گھر... اس کے ماں اور باپ بیٹھے ہوئے)

آنند　پرکاش خود کو اس طرح ضائع کرے گا... یہ میں نے کبھی نہیں سوچا تھا...

ماں　اب تو اسے نوکری بھی مل گئی

آنند　(غصے سے) تم اسے نوکری کہتی ہو پرکاش کی ماں... یہ گالی ہے پرکاش کو... مجھے... اور اس کی ڈگری کو

ماں　تو پھر آپ ہی نے اس کے لئے کوئی نوکری ڈھونڈی ہوتی

آنند　تم سمجھتی ہو کہ میں نے ایسا نہیں کیا ہوگا... پورے دو ہزار روپے مہینے کی جگہ تھی...

ماں　آپ نے پرکاش کو بتایا تھا

آنند　جی! صرف بتایا ہی نہیں... خوشامد بھی کی تھی... مگر لاٹ صاحب نے یہ کہہ کر انکار کر دیا کہ وہ اسمگلر ہے۔ میں اس کی فرم میں ہرگز کام نہیں کرونگا...

ماں　خیر یہ تو اچھا کیا...

آنند　خاک اچھا کیا... ہمیں اپنے کام سے کام ہونا چاہئے۔ کون کیا کرتا ہے... ہمیں اس سے کیا غرض... اگر وہ کسی دودھ کے دھلے کی تلاش میں ہے تو اس جنم میں تو اسے کوئی ملنے سے رہا...

ماں — میری سمجھ میں نہیں آتا کہ میں کیا کروں... آپ بھی اپنے دل کا غبار مجھ پر نکال لیتے ہیں... اور وہ بھی...

آنند — تم اگر کرنا چاہو تو بہت کچھ کر سکتی ہو... بگڑی بات اب بھی بن سکتی ہے

ماں — کہئے... میں تو اپنی سی پوری کوشش کروں گی

آنند — سیٹھ تلجا رام کی لڑکی کا رشتہ آیا ہے

ماں — (چونک کر) کون! کلپنا! وہ جو گھر سے بھاگ گئی تھی

آنند — بھاگی کہاں تھی... اپنی ماسی کے گھر چلی گئی تھی...

ماں — ہاں.. میں تو بھول ہی گئی تھی کہ عیب بھی غریب ہی کی بیٹی کو لگتا ہے

آنند — تم یہ کیا فضول باتیں لے کر بیٹھ گئیں... آنند کی تعلیم پر جو کچھ خرچ ہوا ہے وہ سب پھیروں سے پہلے دے دیں گے... اور شادی کے بعد وہ اس کو اپنے کاروبار میں لگا لیں گے۔

ماں — انجینئرنگ کی ڈگری لے کر پرکاش گھی بیچے گا...

آنند — نہیں... وہ گھی کیوں بیچنے لگا... وہ تو سات سو روپیہ کی نوکری کرے گا... دوسروں کے بنائے ہوئے نقشے ٹریس کرتا رہے گا...

(منظر فیڈ آؤٹ)

اٹھارواں منظر

(سیما کا دفتر۔۔ سیما بیٹھی ہوئی ہے۔۔۔اس کے سامنے میز پر ایک بلیو پرنٹ پھیلا ہوا ہے۔۔۔ پرکاش پاس ہی کھڑا ہے۔۔۔سیما نقشے سے نظریں اٹھائے بغیر)

سیما مسٹر گپتا نے شکایت کی ہے کہ آپ نے ان کا کہنا ماننے سے انکار کر دیا ہے

پرکاش آپ نے یہ ڈیزائن دیکھا ہے۔۔۔

سیما میرے سامنے ہے

پرکاش معاف کیجئے۔۔۔ یہ غلط ڈیزائن ہے

سیما کیا غلطی ہے اس میں۔۔۔

پرکاش یہ گھر نہیں کبوتر خانے ہیں۔۔ سورج کی ایک کرن تک نہیں پہنچے گی ان گھروں میں

سیما یہ سوچنا ان کا کام ہے جو یہ کامپلیکس ڈیزائن کروا رہے ہیں۔۔۔ یہ ڈیزائن ان کی ضروریات کے مطابق ہے

پرکاش مس سیما! ہم ٹیکنیکل لوگ ہیں۔۔۔ اگر وہ نہیں جانتے تو کم از کم ہم انھیں صحیح مشورہ تو دے سکتے ہیں۔۔۔

سیما (پرکاش کی طرف غور سے دیکھ کر) مسٹر پرکاش! بہت دکھ اٹھائینگے آپ اس دنیا میں۔۔۔

پرکاش جی! میں سمجھا نہیں۔۔۔

سیما (نقشہ کو فولڈ کر کے پرکاش کو دیتے ہوئے) سمجھ جائیں گے آپ... حالات سے بہتر استاد کوئی اور نہیں ہوتا

پرکاش (مسکراتے ہوئے) "حالات" میرے سب سے پرانے ٹیوٹر ہیں (سیما بھی مسکراتی ہے) خیر اس کا کیا کروں...

سیما آپ اس میں جو تبدیلی مناسب سمجھتے ہیں۔ کر دیجئے...

(پرکاش کے چہرے پر رونق)

(منظر فیڈ آؤٹ)

انیسواں منظر

(فلم پر)

(پرکاش اس پیڑ کے نیچے... جو اس ڈرامے کے پہلے منظر میں تھا۔ پرکاش کی آنکھیں خلا میں گھورتی ہوئی... کیمرہ خوبصورت وادیوں کی منظر کشی کرتا ہوا۔ سیما ان وادیوں میں لہراتی گاتی... اب سیما کو Establish کیا جائے... جس سے یہ احساس ہو کہ پرکاش کا خواب اب حقیقت کی چوکھٹ پر ہے... وہ ایک بے نام سی پرچھائیں... اب سیما کے روپ میں ڈھل کر اس کے سامنے ہے...

پس منظر میں پہلے گیت کا دوسرا Stanza)

سانجھ سویرے — اپنے پھیرے
جانے کس کی گلیوں میں
نیند کا آنگن سُونا سُونا

من کی آنکھیں سوچ میں ڈوبی
آس کا پنچھی اُڑ نہ جائے
تیری بستی دور ہے کتنی

تیرے قدم چھوتے ہیں جس کو
کیسی پاون دھرتی ہو گی
ڈوبنا چاہے پاگل منوا
میرا بھی رنگ رلیوں میں

سانجھ سویرے ... اپنے پھیرے
جانے کس کی گلیوں میں ...

(کیمرہ واپس پرکاش پر... پرکاش کے لب خاموش... چہرے پہ صرف تاثرات ... آواز پہلے سے ریکارڈ کی ہوئی)

پرکاش (ایکو) تم اپنی حیثیت بھول گئے ہو پرکاش! دو وقت کی روٹیوں کا جو سہارا ملا ہے ... اس کو بھی کھونا چاہتے ہو
زمین کی دھول میں اٹے ہوئے لوگ چاند کی آرزو نہیں کرتے
اب بھی وقت ہے پرکاش ... تم اپنے خوابوں کا گلا نہیں گھونٹ دو گے کیوں جینے جی ناکامی اور محرومی کا زہر پینا چاہتے ہو

(منظر فیڈ آؤٹ)

بیسواں منظر

(سیما اور اس کے ڈیڈی ... سیما کا گھر)

سیما: میں نے آپ سے کہہ دیا ہے کہ میں شادی نہیں کروں گی

باپ: اس کی وجہ جان سکتا ہوں...

سیما: کچھ لوگ ایسے بدنصیب ہوتے ہیں کہ جو بھی اچھی چیز وہ پانے کی آرزو کرتے ہیں... وہ ان کے ہاتھوں سے پھسل کر ٹوٹ جاتی ہے

باپ: کس کا ذکر کر رہی ہو تم

سیما: شاید میرا ہی ذکر ہو

باپ: تم کسی کی آرزو کر کے تو دیکھو بیٹی... میں اسے تمہارے سامنے لاکر کھڑا کر دوں گا!

سیما: (کھوئے ہوئے لہجے میں) میرے سامنے لاکر کھڑا کر دیں گے

(کیمرہ سیما کی آنکھوں پر... ڈزالو ہو کر ایک چھوٹے سے ریسٹوران پر)

اکیسواں منظر

(یہ منظر فلم پر مع آواز کے)

(سیما اور ونے ایک میز کے گرد بیٹھے ہوئے ہیں... ونے بے اختیار ہنستا ہوا... سیما مسکراتی ہوئی)

ونے سیما! زندگی میرے نزدیک ایک رقاصہ کے گھنگھرو ہیں... جب تک پیروں میں حرکت ہے... بجتے رہیں گے

سیما تم کبھی خاموش بھی ہوتے ہو

ونے میرے ہونٹوں پر خاموشی کی مہر صرف موت لگا سکتی ہے... مگر میں اُس بڑھیا کو منہ ہی نہیں لگاتا...

سیما ایسی باتیں کرتے ہوئے تمہیں ڈر نہیں لگتا!

ونے ڈر موت کو اور قریب لے آتا ہے... میں تو ہر آنے والے دن کو اس طرح گلے لگاتا ہوں جیسے یہ میری زندگی کا آخری دن ہو

سیما تم نے کبھی سوچا ونے... ہر آدمی زندہ بھی رہنا چاہتا ہے... مگر زندگی سے ڈرتا بھی ہے

ونے اس لئے کہ انھیں جینے کا سلیقہ نہیں آتا

سیما وہ بھلا کیسے آسکتا ہے

ونے پیار کرنا سیکھو... زندگی کی ہر شئے سے پیار... اگر تمہارے پاس دولت ہے تو کسی کی غربت سے پیار کر کے دیکھو... لوگوں کی بدصورتی میں حسن تلاش کرو... ہر بات اپنی ذات کے کنوئیں سے بلند ہو کر سنو اور کہو...

سیما بہت مشکل کام ہے... مجھے تو پیار کے نام ہی سے ڈر لگتا ہے

ونے وہ لوگ جو پیار سے ڈرتے ہیں... وہ زندگی سے ڈرتے ہیں... اور جو زندگی سے ڈرتے ہیں... ان کی زندگی محض ایک الزام ہوتی ہے

سیما: اس کا مطلب ہے تم کسی سے نفرت نہیں کرتے...

ونے: بالکل نہیں.. نفرت ایک بزدل کا انتقام ہے

سیما: تمہیں سب اچھے لگتے ہیں؟

ونے: (گردن انکار میں ہلا کر) نہیں... مگر جو اچھے نہیں لگتے... میں ان سے دامن بچا لیتا ہوں اور بس! نفرت ایک ایسی آگ ہے جو اندر ہی اندر جلا کر راکھ کر دیتی ہے

سیما: (مسکراتے ہوئے) ونے! ایسی باتیں کہاں سے آگئیں تمہیں

ونے: تمہارے پیار نے سب کچھ سکھا دیا... (گھڑی کی طرف دیکھ کر) چار بجنے میں پانچ منٹ... (اٹھتے ہوئے) سیما... میں ابھی آیا...

سیما: کہاں جا رہے ہو تم!

ونے: میرا ایک دوست آج ہی کے دن ٹھیک چار بجکر آٹھ منٹ پر پیدا ہوا تھا۔ میں ٹھیک چار بجکر آٹھ منٹ پر اس کو

many happy returns of the day

کہنا چاہتا ہوں

سیما: بیٹھ جاؤ... ہر بات میں ڈرامہ نہ کیا کرو... بعد میں فون کر لینا...

ونے: بس سیما۔ تم یہیں بیٹھی رہو۔ تمہارے خوبصورت ہونٹوں پر جو مسکراہٹ ہے اس کو یونہی باقی رکھنا.. مسکراتے ہوئے ہونٹ گلاب کی پتیوں سے زیادہ نازک ہوتے ہیں

(ونے چلا جاتا ہے... سیما چائے کا کپ اٹھاتی ہے)

(ایک دم تیزی سے بریک لگنے کی آواز۔ کیمرہ ایک سڑک پر جہاں ونے کی خون میں لت پت نعش پڑی ہے۔ کیمرہ ایس سیما پر...

جہاں اس کے ہاتھ میں چائے کا کپ ہے... آنکھوں میں مہکتے ہوئے خواب ہیں... ہونٹوں پر مسکراہٹ... کیمرہ سیما کی آنکھوں کے کلوز اپ سے ڈزالو ہو کر ڈرائنگ روم کے سیٹ پر بھر سیما کی آنکھوں پر)

بائیسواں منظر

باپ تم چپ کیوں ہو گئیں بیٹی!

سیما (ایک ٹھنڈی سانس) آپ ایسا دعویٰ کیوں کرتے ہیں ڈیڈی جو پورا نہ کر سکتے ہوں

باپ تم ایک بار کہہ کر تو دیکھو!

سیما ڈیڈی! میں جانتی ہوں دولت بہت کچھ خرید سکتی ہے مگر موت کی بے رحم دوکان سے زندگی نہیں خرید سکتی

باپ کس کی موت کا ذکر کر رہی ہو تم

سیما جو بات نہ آپ کے بس میں ہے اور نہ میرے بس میں... اس کا ذکر ہی کیا... مگر ڈیڈی... آپ کان کھول کر سن لیں... اگر آپ نے میری شادی کہیں طے کی تو میں یہ گھر چھوڑ کر کہیں دور چلی جاؤں گی۔

باپ مگر بیٹے! شادی تو زندگی کی سب سے بڑی ضرورت ہے... سب سے بڑی خوشی!

سیما یہ آپ کا خیال ہے... میرا نہیں...

باپ — یہ میری خوشی ہے

سیما — اپنی پسند کی خوشیاں اولاد کو بانٹنا سب سے بڑا ظلم ہے — مگر ٹریجڈی یہ ہے ڈیڈی کہ زیادہ تر ماں باپ یہی کرتے ہیں

(منظر فیڈ آؤٹ)

تیئیسواں منظر

(پرکاش کا گھر... ماں اور پرکاش)

ماں — اگر تم نے اپنی ضد نہیں چھوڑی تو یہ گھر برباد ہو جائے گا

پرکاش — اگر بربادی اس گھر کا مقدر ہے تو پھر اسے برباد ہو جانے دیجئے

ماں — اپنی دکھیا ماں کو کیوں اور دکھی کرتا ہے

پرکاش — ماں! اگر آپ اپنے پیار کی قیمت مجھ سے یہی چاہتی ہیں کہ میں ایک مٹی کے کھلونے کی طرح کسی سڑک کے کنارے نیلام ہو جاؤں تو یہ کبھی نہیں ہوگا

ماں — کہیں نہ کہیں تو شادی ہوگی ہی تیری!

پرکاش — اس وقت تک نہیں جب تک میں اپنے پیروں پر کھڑا نہ ہو جاؤں

ماں — تو تلجا رام جی کے یہاں شادی کے لئے ہاں کر دے... سب ٹھیک ہو جائے گا

پرکاش — جہیز کی بیساکھیوں پر کھڑے ہو کر کسی مستقبل کی تعمیر نہیں ہو سکتی...

ماں — اس دنیا میں اور سب پاگل ہیں کیا

پرکاش — کوئی اور کیا ہے مجھے اس سے غرض نہیں... مگر میرے نزدیک سب

لالچ ایک گندی گالی ہے... کوئی میڈل نہیں... جسے سینے پر سجایا جائے

ماں: اگر تو ضدی ہے تو تیرے باپ بھی ضدی ہیں

پرکاش: ماں! انکی ضد پر میں نے اپنی زندگی کے چار سال قربان کر دئے مگر اف تک نہ کی... اب اگر وہ یہ چاہتے ہیں کہ باقی زندگی ایک بے سری گھنٹی کو گلے میں لٹکا کر بجاتے ہوئے گذار دوں تو ایسا کبھی نہیں ہوگا

(منظر فیڈ آؤٹ)

چوبیسواں منظر

(سیما کا گھر... اس کے باپ اخبار پڑھتے ہوئے... سیما بھناتے ہوئے اندر آتی ہے)

سیما: میرے دفتر کو تالہ آپ نے لگوایا ہے ڈیڈی!

باپ: ہاں بیٹے!

سیما: میں پوچھ سکتی ہوں آپ نے ایسا کیوں کیا

باپ: تمہارا ہونے والا شوہر... تمہیں اپنے ساتھ امریکہ لے جانا چاہتا ہے

سیما: اور میں اس کی اٹیچی ہوں جو کچھ کہے سنے بغیر اس کے ساتھ چلی جاؤں گی

باپ: تم ضرور جاؤ گی!

سیما ڈیڈی!!

باپ میرے پیار کو میری کمزوری نہ سمجھو! میں زبان دے چکا ہوں

سیما آپ زبان دے سکتے ہیں ...میں جان دے سکتی ہوں

باپ اگر اولاد کی موت کا دکھ میرے مقدر میں ہے تو میں اسے برداشت کر لوں گا!

(سیما حیرت سے باپ کی طرف دیکھتی ہے)

سیما (جیسے اپنے کانوں پر اسے یقین نہ آیا ہو) آپ کا یہ روپ میں نے کبھی نہیں دیکھا ڈیڈی

باپ اب تو دیکھ لیا...

سیما آپ دفتر کی چابیاں مجھے دے دیجئے

باپ وہ کس لئے

سیما اگر آپ کے خیال میں مجھے نوکری کی ضرورت نہیں ہے تو دوسروں کو تو ہے

باپ زندگی کی دوڑ میں کون کہاں پس جاتا ہے... آگے بڑھنے والے کبھی نہیں سوچتے...

سیما مگر میں تو سوچتی ہوں

باپ (چابیاں میز پر پھینکتے ہوئے) اس دفتر کا کچھ بھی کرو مجھے کوئی دلچسپی نہیں ہے... مگر ایک بات یاد رکھنا! اگر تم چاہتی ہو کہ یہ دفتر کبھی بند نہ ہو تو تم آج ہی اس سے الگ ہو کر... ونود کے ساتھ شادی کر کے امریکہ جانے کی تیاری کرو۔

(سیما چابیاں اٹھا لیتی ہے... غصے سے باپ کی طرف دیکھتی ہے...

باپ پھر اخبار اٹھا کر پڑھنے لگتا ہے... سیما ایک عزم کے ساتھ باپ کی طرف دیکھتی ہے اور باہر چلی جاتی ہے... سیما کے جانے کے بعد باپ اخبار رکھ دیتا ہے۔ ایک شریر مسکراہٹ اس کے لبوں پر ابھرتی ہے اٹھ کر وہ ٹیلیفون کے قریب جاتا ہے... ایک نمبر ڈائل کرتا ہے)

باپ ہلو... ہاں... نمستے بیٹے (ہلکی سی ہنسی) فکر نہ کرو شاید سیما مان جائے گی!

(منظر فیڈ آؤٹ)

پچیسواں منظر

(سیما کا دفتر)

(سیما بے حد پریشان بیٹھی ہے... چہرے پر اندرونی کرب کی کشمکش... پرکاش اندر داخل ہوتا ہے... سیما کے چہرے سے اُسے اندازہ ہو جاتا ہے...)

پرکاش آپ نے مجھے بلایا تھا...

سیما ہاں پرکاش... بیٹھ جاؤ

پرکاش کیا بات ہے... آپ کچھ پریشان سی ہیں

سیما ہاں... (اِدھر... اُدھر دیکھ کر) مجھے ایک گلاس پانی دو

(پرکاش اٹھ کر سائڈ ٹیبل پر رکھے ہوئے جگ سے پانی دیتا ہے... سیما پانی پیتی ہے... پرکاش غور سے دیکھتا ہے... سیما جب پانی پی چکتی ہے... پرکاش کہتا ہے)

پرکاش　چوکیدار کہہ رہا تھا کہ دفتر بند ہو گیا

سیما　کیسا لگا تمہیں یہ سن کر

پرکاش　آپ اندازہ کر سکتی ہیں... ایک لمحہ کے لئے تو میری آنکھوں کے سامنے اندھیرا چھا گیا

سیما　یہی حال دوسرے لوگوں کا بھی ہوا ہوگا

پرکاش　ظاہر سی بات ہے...

(سیما کچھ دیر سوچتی ہے... پھر پرکاش کی طرف دیکھ کر)

سیما　تمہاری شادی ہو گئی پرکاش!

پرکاش　جی نہیں...

سیما　حیرت ہے... تم انجینئر ہو کر بھی ابھی تک کنوارے ہو

پرکاش　خریدار تو کچھ ہیں... مگر میں بکنا نہیں چاہتا

سیما　کوئی خاص وجہ...

پرکاش　بعض وجوہ گونگی ہوتی ہیں...

سیما　واہ... کیا اچھی بات کہی ہے تم نے... ارے ہاں یاد آیا... تم شاعر بھی تو ہو... میں نے کالج میں تمہارا گیت سنا تھا

پرکاش　آپ بھی تو بہت اچھی مصورہ ہیں... آپ کی تصویر "تنہائی" کو انعام بھی ملا تھا...

سیما　(ہلکی سی ہنسی) کمال ہے... ہم دونوں ایک دوسرے کو اتنے قریب سے جانتے ہیں ــ مگر ابھی تک واقف کیوں نہیں...

پرکاش　مجھے خود حیرت ہے مس سیما...

(سیما سوچ میں ڈوب جاتی ہے... کیمرہ صرف سیما کے چہرے

کا کلوز اپ اور تاثرات... Audio پچھلے سین کا...)

باپ میرے پیار کو میری کمزوری نہ سمجھو بیٹے... میں زبان دے چکا ہوں

سیما آپ زبان دے سکتے ہیں ... میں جان دے سکتی ہوں

باپ اگر اولاد کی موت کا دکھ میرے مقدر میں ہے... تو میں وہ برداشت کر لوں گا...

سیما آپ کا یہ روپ میں نے کبھی نہیں دیکھا ڈیڈی...

باپ اب تو دیکھ لیا

سیما آپ دفتر کی چابی مجھے دے دیجئے

باپ وہ کس لئے

سیما اگر آپ کے خیال میں مجھے نوکری کی ضرورت نہیں ہے تو دوسروں کو تو ہے...

باپ زندگی کی دوڑ میں کون کہاں پس جاتا ہے... آگے بڑھنے والے کبھی نہیں سوچتے

سیما مگر میں تو سوچتی ہوں...

باپ (میز پر چابیاں پھینکنے کی آواز) اس دفتر کا کچھ بھی کرو مجھے کوئی دلچسپی نہیں ہے... مگر ایک بات یاد رکھنا... اگر تم یہ چاہتی ہو کہ یہ دفتر کبھی بند نہ ہو تو تم آج ہی اس سے الگ ہو کر... ولود کے ساتھ شادی کر کے امریکہ جانے کی تیاری کرو

(پرکاش جو اتنی دیر تک سیما کے چہرے کا اتار چڑھاؤ دیکھتا رہتا ہے... کچھ دیر بعد پوچھتا ہے...)

پرکاش کیا بات ہے مس سیما! آپ کچھ پریشان ہیں کیا

سیما ہاں.. پرکاش! بہت بڑی پریشانی ہے

پرکاش تو پھر میں نے ٹھیک سنا... یہ دفتر واقعی بند ہو رہا ہے!

سیما پرکاش یہ دفتر نہیں ایک مندر ہے... اور مندر کے دروازے کبھی بند نہیں ہوتے

(پرکاش کا چہرہ کھل اٹھتا ہے)

ہم دولت مند لوگوں کی ایک ٹریجڈی یہ بھی ہے کہ کوئی ڈھنگ کا کام بھی نہیں سکتے...

پرکاش آپ کو اندازہ نہیں کہ آپ کتنا بڑا کام کر رہی ہیں...

سیما جو کچھ میں کہہ رہی ہوں... اسے غور سے سنو! مجھے ایک ایسے آدمی کی تلاش تھی جو ذہین ہونے کے علاوہ ایماندار اور نڈر بھی ہو... تم میں یہ سب خوبیاں ہیں...

پرکاش مجھے خوشی ہے کہ آپ کی رائے میرے بارے میں اتنی اچھی ہے

سیما ہمارے ملک میں آج بھی ذہین اور ایماندار نوجوانوں کی کمی نہیں... مگر ان کی ضرورت ان کو ایسے راستے پر ڈال دیتی ہے جو انھیں تو آگے لے جاتا ہے مگر ملک کو پیچھے چھوڑ دیتا ہے

پرکاش یہ سچ کہا آپ نے...

سیما آج سے یہ دفتر تمہارا ہے (چابیاں میز پر رکھ دیتی ہے) ملکیت کے کاغذات تمہیں چند روز میں مل جائیں گے...

پرکاش مگر مس سیما... میں اس دفتر کا مالک بن کر نہیں آپ کا ایک ساتھی بن کر یہاں کام کرنا چاہتا ہوں

سیما میں اتنی خوش نصیب نہیں ہوں پرکاش! جو اتنے اچھے لوگوں

میں رہ سکوں

پرکاش آپ کہیں جا رہی ہیں کیا...

سیما ہاں پرکاش! میری شادی ہو رہی ہے... میں بہت دور جا رہی ہوں...

(پرکاش کے چہرے کا رنگ اُڑ جاتا ہے... سیما چابیاں میز سے اٹھاتی ہے... پرکاش کی ایک ہاتھ کی مٹھی کھولتی ہے اور چابیاں اسکی ہتھیلی پر پر رکھ دیتی ہے...

یہ منظر Freeze ... تمام کریڈٹ کیپشن اس فریز فوٹو پر آتے رہیں... اور پس منظر میں یہ گیت بجتا رہے)

دور کہیں دیوانی چل
یہ دنیا ہے بیگانی چل

لالچ ہے ایمان دھرم
دنیا موہ کی ماری ہے
دل کا کوئی مول نہیں
ہر ایک یہاں بیوپاری ہے
بیتا ہم پر بھاری ہے
تو اپنے اشک چھپانے چل
دور کہیں دیوانی چل
یہ دنیا ہے بیگانی چل

اپنے جگر کے ٹکڑوں کو
بیچیں گے جب لوگ یہاں

یہ پاون دھرتی روئے گی
ہر گھر سے اٹھے گا غم کا دھواں
کیا سوچ رہی ہے کھڑی یہاں
تو دنیا سے ٹکرانے چل
دور کہیں دیوانی چل
یہ دنیا ہے بیگانی چل

———x———

کھلونے

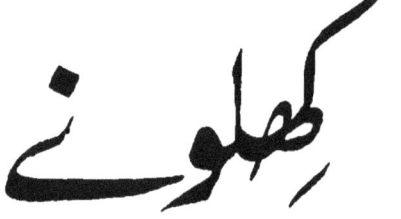

کردار

۱۔ جاوید (نوجوان)
۲۔ دوکاندار (کوئی بھی عمر... غریب)
۳۔ ایک آدمی (راہ گیر)
۴۔ دوسرا آدمی (راہ گیر)
۵۔ بچہ نمبر ۱ (عمر پانچ سال کے قریب)
۶۔ تیسرا آدمی (راہ گیر)
۷۔ راوی (خوبصورت آواز)
۸۔ رحمان (پروفیسر... جاوید کے باپ)
۹۔ ماں (جاوید کی ماں)
۱۰۔ راجیش (جاوید کا دوست)
۱۱۔ شاہینہ (جاوید کی بیوی)
۱۲۔ نیلما (شاہینہ کی سہیلی)
۱۳۔ افسر (جاوید کا افسر)
۱۴۔ بچہ (جاوید کا بچپن)

(کچھ اور بچے جن کی صرف آوازیں استعمال ہوتی ہیں... شور کے لئے)

اسٹوڈیو سیٹ

۱۔ ڈرائنگ روم سیٹ ۱ء
۲۔ بیڈروم سیٹ ۲ء
۳۔ دفتر کا سیٹ

(چند سین فلم پر)

پہلا منظر

(فلم پر معہ آواز کے)

(ایک سڑک ... جس کے کنارے ایک کپڑے پر مٹی کے کھلونے ...
جن میں کچھ ٹوٹے ہوئے ... کچھ بکھرے ہوئے ... کھلونے پر ایک پانچ
چھ برس کا بچہ پڑا ہوا جو بیہوش ہے جس کے سر سے خون بہہ رہا ہے ...
جاوید کھویا کھویا سا کھڑا ہے ... بال بکھرے ہوئے ... کپڑے میلے ...
شیو بڑھا ہوا ... آنکھوں میں وحشت ... دوکاندار انتہائی غصے میں ...
لوگوں کی بھیڑ ... تماشہ دیکھنے والے ... آدمی ۱ بڑھ بڑھ کر بولنے
والا)

دوکاندار آپ کا بچہ جائے بھاڑ میں ... میں نے تو اسے دھکا نہیں دیا ... میرے بیسیوں کھلونے ٹوٹ گئے ... ان کے پیسے نکالئے

آدمی ۱ (جاوید سے) آپ کچھ کیوں نہیں کہتے

جاوید (کھویا کھویا) بچہ ! پیسے ! کھلونے ... کیسے کھلونے ... یہ بچہ ! یہ میرا بچہ ... نہیں ... میں کچھ نہیں جانتا !

آدمی ۲ ارے صاحب بچہ کی خبر تو لیجئے ... اسکے سر سے خون بہہ رہا ہے

دوکاندار یہ خون میں نے تو نہیں بہایا ... (کسی کی طرف اشارہ کرکے) دیکھئے یہ شریف آدمی ادھر کھڑے ہیں ... ان سے پوچھ لیجئے

(وہ آدمی گھبرا کر پیچھے ہٹتا ہے ... جیسے گواہی کے ڈر سے چلا جانا
چاہتا ہو) یہ صاحب ... (جاوید کی طرف اشارہ کرکے) آئے اور

بچے کو اٹھا کر کھلونوں پر دے مارا

آدمی نمبر ۱ عجیب آدمی ہیں آپ بھی.. بحث کر رہے ہیں ... یہ نہیں دیکھتے بچے کے سر سے خون بہہ رہا ہے

(ایک ٹیکسی گذرتی ہے)

ٹیکسی !! (ٹیکسی چلی جاتی ہے) بچے کو ہسپتال لے جانا ہوگا ...

دوکاندار (غصّے سے) آپ بچے کو ہسپتال اور ان صاحب کو پاگل خانے لے جائیے۔ مگر جانے سے پہلے میرے پیسوں کا معاملہ طے کرا تے جائیے

آدمی نمبر ۲ کمال ہے... ادھر ایک انسان کی جان پر بنی ہے اور آپ کو پیسوں کی سوجھ رہی ہے

چند آوازیں ہاں... ہاں... اور کیا...

آدمی نمبر ۱ (ایک اور ٹیکسی آتی ہے) ٹیکسی !!

(ٹیکسی رک جاتی ہے... سب لوگ اس کی طرف بھاگتے ہیں)

(منظر فیڈ آؤٹ)

دوسرا منظر

(راوی کا چہرہ ابھرتا ہے.. جو ایک کالے کاغذ میں ایک دائرہ کاٹ کر اس میں سے راوی کا کلوز اپ ... شروع میں راوی کا چہرہ ٹی وی اسکرین کے داہنے اوپر کے کونے میں، آہستہ آہستہ چہرہ اسکرین کے وسط میں آتا ہے اور وہاں ٹھہر جاتا ہے)

راوی آپ اسے جانتے ہی ہیں کہ بازار کے جھگڑے آسانی سے طے نہیں ہوا

کرتے ... مگر آپ یقیناً سوچ رہے ہوں گے کہ یہ آدمی کون ہے؟ اس نے ایسا کیوں کہا؟ ... آپ اگر یہ جاننا چاہتے ہیں تو ہمارے ساتھ چلیے
(راوی کا کلوز اپ پھر داہنے کونے کی طرف اوپر جاتا ہوا ... اور وہ جیسے ہی انگلی اٹھا کر ایک چوراہے کی طرف اشارہ کرتا ہے.. خاموش فلم شروع ہو جاتی ہے اور راوی کی آواز پس منظر سے آتی رہتی ہے)

راوی وہ سامنے چوراہا ہے (ایک چوراہا کا منظر) یہاں سے آپ داہنے ہاتھ والی سڑک پر مڑ جائیے (کیمرہ چوراہے سے ایک سڑک پر مڑتا ہوا) تھوڑا آگے چلیے (کیمرہ اس سڑک پر آگے بڑھتا ہوا) بائیں طرف پہلی گلی چھوڑ کر دوسری گلی (کیمرہ ایک گلی چھوڑ کر دوسری گلی کے نکڑ پر) جی ہاں اس گلی میں تیسرا مکان (کیمرہ ایک مکان کے دروازے پر) یہی وہ مکان ہے جہاں جاوید پیدا ہوا (کیمرہ ایک نیم پلیٹ پر) (PROF. M. A. REHM...) اور بڑے لاڈ پیار سے پلا بڑھا:
(اسٹوڈیو سیٹ نمبر ۱)

تیسرا منظر

(پروفیسر رحمان کے ہاتھ میں ایک نئی قمیص ہے... ماں پاس بیٹھی ہے اور بچہ منھ پھلائے بیٹھا ہے... صرف بنیان اور نیکر میں ماں بیٹھی سوئٹر بن رہی ہے)

رحمان پہن لو بیٹے! بہت پیاری قمیص ہے...
(بچہ انکار میں گردن ہلاتا ہے)

رحمان پہن لو بیٹے!

بچہ میں یہ قمیص نہیں پہنوں گا!

رحمان تو پھر کون سی قمیص پہنو گے

بچہ نیلے پھولوں والی... جیسی راجیش کے پاس ہے

رحمان اب تو یہ پہن لو... ہم کل لادیں گے

بچہ نہیں ابھی جائیے...

ماں ضد نہیں کرتے بیٹے.. پاپا ابھی کالج سے آئے ہیں... تھکے ہونگے

بچہ (مچل کر) نہیں... میں ابھی لوں گا

رحمان (پریشان ہو کر) اچھا روتے نہیں بیٹے... میں ابھی لا کر دیتا ہوں

(اٹھ کر کوٹ پہنے لگتا ہے)

ماں آپ کے اس بے جا لاڈ پیار نے اس کا دماغ خراب کر دیا ہے ہر بات کی ضد پکڑ لیتا ہے...

رحمان کرنے دو ضد! ہمارے کون سے درجنوں بچے ہیں... جو اکتا جائیں گے.. ایک ہی تو ہے... اس لئے ہم تو جی بھر کر ناز اٹھائیں گے

(جانے لگتا ہے)

ماں (اٹھتے ہوئے) سنئے تو... (رحمان رک جاتا ہے) چائے تو پیتے جائیے

رحمان (جاتے ہوئے) چائے تو آکر بھی پی جا سکتی ہے... پہلے ہم اپنے بیٹے کی فرمائش پوری کر دیں...

(منظر فیڈ آؤٹ)

راوی (کیمرہ راوی پر) جاوید اس پیار سے پروان چڑھتا ہوا جوانی کے آنگن تک پہنچ گیا.. بچپن کا دوست راجیش یونیورسٹی میں بھی

اس کے ساتھ تھا...

چوتھا منظر

(فلم مع آواز)

(دور یونیورسٹی کی عمارت نظر آتی ہوئی ... اس طرف سے راجیش

آتا ہوا... جاوید کی طرف... جو پھولوں کی ایک کیاری کے قریب لیٹا ہوا)

راجیش (آکر جاوید کے قریب بیٹھتے ہوئے) جاوید... آج تم کلاس میں کیوں نہیں آئے...

جاوید بس یونہی... موڈ نہیں تھا...

راجیش یہ بیٹھے بٹھائے تمہارے موڈ کو کیا ہو جاتا ہے... صبح تک تو ٹھیک تھا...

جاوید (رومانٹک بن کر) اس وقت میں نے اپنے مرکزِ حیات کو نہیں دیکھا تھا...

راجیش (پیچھے ہٹ کر) ایسی ٹھنڈی سانسیں نہ لو... مجھے نمونیہ ہو سکتا ہے

جاوید نادان! عاشقوں کے منھ نہیں لگا کرتے ....

راجیش مگر وہ ہے کون...

جاوید ایک پری چہرہ! جو ابھی نیلا سوٹ پہنے لائبریری میں داخل ہوئی ہے...

راجیش کس کلاس میں ہے؟ نام کیا ہے؟

جاوید میں کیا جانوں

راجیش: اچھا جی! تو اس کے بارے میں کچھ جانے پوچھے بغیر چاروں ہاتھ پاؤں سے اس پر عاشق ہو گئے

جاوید: نادان! اس کو پیار کہتے ہیں... پہلی نظر کا پیار

راجیش: اگر مجھے ٹھیک سے یاد ہے تو یہ پہلی نظر میں تمہارا گیارھواں پیار ہے

جاوید: جو گزر جائے وہ ماضی ہے... میں بس اتنا جانتا ہوں کہ یہ میرا پہلا اور آخری پیار ہے

راجیش: کس فلم کا ڈائیلاگ ہے یہ...

جاوید: (اٹھ کر بیٹھتے ہوئے دل پر ہاتھ رکھ کر) ذرا ٹھہر جا راجیش! میرا دل ڈوب رہا ہے... نبضیں چھوٹ رہی ہیں.. وہ دیکھ... وہاں سامنے...

(کیمرہ دور کھڑی شاہینہ پر جو نیلما سے کھڑی باتیں کر رہی ہے) وہ آ رہی ہے...

راجیش: وہ جو نیلما سے رک کر باتیں کرنے لگی

جاوید: (آنکھیں بند کرتے ہوئے) ہاں وہی.. جب وہ قریب آجائے تو مجھے بتا دینا... میں بے ہوش ہونا چاہتا ہوں

راجیش: میرا خیال ہے... تم بے ہوش ہونے کا ارادہ ملتوی کر کے آنکھیں کھول لو...

جاوید: (آنکھیں کھول کر) کیوں

راجیش: وہ نیلما کے ساتھ کامن روم کی طرف چلی گئی ہے...

جاوید: یہ تو بہت برا ہوا میرے دوست... اگر یہ ظالم سماج اجازت دے تو کیا میں ایک قہقہہ لگا سکتا ہوں

راجیش میرے خیال میں تو کوئی حرج نہیں... کیونکہ وہ دور... بہت دور جا چکی ہے...

جاوید اے میرے اکلوتے دوست.. تو نے جنم جنم میرا ساتھ نبھانے کا وعدہ کیا ہے۔ کیا تو اس تہقہے میں میرا ساتھ نہیں دے گا۔

راجیش اگرچہ میرے گلے کی حالت نازک ہے.. مگر دوست وہی ہے جو موقعہ دیکھتے ہی دوست کا گلا پکڑ لے.. تو شروع کریں ضرور ساتھ دوں گا۔

(دونوں کا لاجواب قہقہہ... منظر فیڈ آؤٹ)

راوی (کیمرہ راوی پر) وہ نیلے سوٹ والی شاہینہ ڈاکٹر طارق کی بیٹی تھی جو ریٹائر ہو کر اپنے وطن لوٹے تھے... اتفاق سے ان کا آبائی مکان اس محلے میں تھا جہاں جاوید کے والد کرائے کے مکان میں رہتے تھے...

پانچواں منظر

(اسٹوڈیو سیٹ میں)

(راجیش اور جاوید بیٹھے ہوئے ہیں)

جاوید مزا آگیا یار!

راجیش کیوں، کیا ہوا؟

جاوید ہائے۔ وہ حسینہ ---

راجیش یار! اس بار تیرا عشق کامیاب ہوتا نظر آ رہا ہے

جاوید دل سے جو بات نکلتی ہے اثر رکھتی ہے
راجیش اگر محبوبہ پڑوسن ہو تو ایک فائدہ رہتا ہے ... لوگ گھر جلدی پہنچنے لگتے ہیں...
جاوید یہ وقت مذاق کا نہیں.. سوچنے کا ہے... اور میں نے سوچ لیا
راجیش کیا سوچ لیا شہزادے
جاوید اپنی ماں زندہ باد! دل کھول کر ان کے سامنے رکھ دیں گے... باقی کیا کرنا ہے... وہ خود سمجھ لیں گی

(منظر فیڈ آؤٹ)

چھٹا منظر

(ایک بیڈروم... جس میں رحمان اور ان کی بیوی بیٹھے ہیں)

ماں میں سب سمجھتی ہوں... مگر...
رحمان کھل کر کہو... بات کیا ہے
ماں لڑکی تو اچھی ہے مگر... مگر مجھے کچھ گھر پسند نہیں آیا
رحمان گھر پسند نہیں آیا؟ کیا مطلب؟
ماں گھر کیا ہے... پورا سرکس ہے... ہر طرف ہاہاکار مچی ہے
رحمان ڈاکٹر صاحب کی آمدنی کم ہے کیا
ماں بات آمدنی کی نہیں... سلیقے کی ہے... خیر سے آٹھ لڑکیاں ہیں ان کے
رحمان (حلق سے آواز) آٹھ!!

ماں اچھا بڑا گھر ہے... آمدنی بھی ٹھیک ہے... مگر حالت وہی ہے جیسے ابھی اس گھر میں ڈاکہ پڑا ہو... کان پڑی آواز سنائی نہیں دیتی!

رحمان لگتا ہے طارق صاحب صرف نام کے ڈاکٹر ہیں... عقل سے ڈاکٹر نہیں...

ماں مگر یہ تو بتائیے کہ میں جاوید کو کیا جواب دوں

رحمان تم ماں بیٹے جانو

ماں آپ اسے زندگی کی اونچ نیچ نہیں سمجھائیں گے

رحمان سمجھاؤں گے ضرور! مگر کریں گے وہی جو ہمارا بیٹا چاہے گا

(منظر فیڈ آؤٹ)

ساتواں منظر

(فلم پر معہ آواز)

(یونیورسٹی لان... شاہینہ اور نیلما ایک جگہ بیٹھے ہیں اور ان سے تھوڑے فاصلے پر جاوید اور راجیش)

شاہینہ (آنکھوں سے اشارہ کرتے ہوئے) :وہ ہے جاوید

نیلما کون سا... وہ تو دو ہیں...

شاہینہ سفید قمیص اور سرمئی پینٹ میں

نیلما (دیکھ کر) ہے تو ہینڈسم... (جاوید کا کلوز اپ) پھانس لے...

(شاہینہ نیلما کی کمر پر ایک گھونسہ رسید کرتی ہے)

نیلما کس کلاس میں پڑھتا ہے

شاہینہ انگریزی میں ایم۔اے کر رہا ہے ... فائنل ہے

نیلما کبھی تجھ سے بات ہوئی

شاہینہ دو بار... ایک دفعہ گھر جا رہی تھی تو راستے میں مل گیا... دوسری دفعہ لان میں آیا... اور ایک کتاب دے کر چلا گیا

نیلما اور کتاب میں خط ہوگا

شاہینہ (شرما کر) ہاں

نیلما (پھر دیکھ کر) جواب دیا کہ نہیں

(شاہینہ انکار میں گردن ہلاتی ہے... نیلما اس کے ایک دھموکہ رسید کرتی ہے... شاہینہ ہلکے سے چیختی ہے... راجیش اور جاوید مڑ کر دیکھتے ہیں... دونوں لڑکیاں شرما جاتی ہیں)

منظر فیڈ آؤٹ

راوی جاوید کی ضد۔ باپ کی آزاد خیالی ... ماں کی ممتا اور ڈاکٹر طارق کی ضرورت۔ اتنی بہت سی باتیں ایک ساتھ جمع ہوگئیں کہ جاوید کے ایک فرم میں ملازم ہوتے ہی دونوں کی شادی ہو گئی

آٹھواں منظر

(بیڈ روم سیٹ ... تھوڑی سی تبدیلی ... دو چار نئے گلدان ... پلنگ کی چادریں بدل جاتی ہیں)

جاوید میں سمجھتا تھا کہ زندگی میں سب سے زیادہ پیار ہیں تم سے

کرتا ہوں مگر آج پتہ چلا کہ کوئی تم سے بھی زیادہ پیارا ہے

شاہینہ اچھا جی... میں بھی سنوں... وہ کون ہے

جاوید نہیں بتاؤں گا... ورنہ تم جل جاؤ گی

شاہینہ جلے میری بلا... آپ بتائیے تو... میں جانتی ہوں آپ مجھے بنا رہے ہیں

جاوید تمہاری قسم سچ کہہ رہا ہوں

شاہینہ (حیرت سے) میری قسم اور آپ سچ کہہ رہے ہیں

(جاوید اقرار میں گردن ہلاتا ہے)

شاہینہ جلدی بتائیے... ورنہ میں رونا شروع کرتی ہوں

جاوید یہ فاؤل ہے... اگر کوئی تم سے اچھا ہو تو میں اسے پسند نہ کروں

شاہینہ دنیا میں اتنے بہت سے لوگ ہیں... مگر مجھے تو آپ سے اچھا کوئی نہیں لگتا...

جاوید مگر مجھے تو لگتا ہے

شاہینہ (دھمکی دے کر) آپ بتاتے ہیں یا میں روؤں

جاوید (سرگوشی کے انداز میں) ہمارا ہونے والا بچہ!

شاہینہ (پیار سے مارتے ہوئے) ہٹ بے شرم!

(منظر فیڈ آؤٹ)

راوی جاوید ایک اچھا شوہر اور دوست ہی نہیں... ایک محنتی اور ایماندار افسر بھی تھا

نواں منظر

(دفتر کا سیٹ)

(جاوید کا افسر بیٹھا ہے۔ جاوید پاس ہی کھڑا ہے)

افسر بیٹھ جاؤ جاوید!

جاوید میں ٹھیک ہوں سر!

افسر (ایک کاغذ اس کی طرف بڑھاتے ہوئے) یہ خط پڑھو

(خط پڑھتا ہے... خوش ہوتا ہے)

افسر سرین صاحب! ہمارے ملک کے بہت بڑے صنعت کار ہیں... انھوں نے تمہارے رویّے اور کارکردگی کی تعریف کی ہے

جاوید یہ انکی نوازش ہے.. ورنہ میں نے تو اپنا فرض نبھایا تھا

افسر تم تو جانتے ہی ہو کہ تمام پرائیویٹ ادارے اسی گڈ وِل کے سہارے چلتے ہیں جو اسکے ملازمین اور گاہکوں کے درمیان ہوتی ہے

جاوید میں اپنی سی کوشش تو کرتا ہوں سر!

افسر میں بغیر کسی جھجک کے کہہ سکتا ہوں... تم میرے دفتر میں سب سے زیادہ تمیزدار اور قابل اعتماد ساتھی ہو...

جاوید بہت بہت شکریہ سر!

افسر (ایک اور کاغذ دیتے ہوئے) اسے اور پڑھ لو.. میرا خیال ہے تمہیں ایک بار پھر شکریہ ادا کرنا پڑے گا...

(جاوید کاغذ لے کر پڑھتا ہے... چہرہ ایک دم کھِل جاتا ہے)

جاوید دو ایڈوانس انکریمنٹ ... گڈ گاڈ ... تھینک یو سر! تھینک یو ویری مچ سر!

(منظر فیڈ آؤٹ)

دسواں منظر

(شاہینہ ڈرائنگ روم صاف کر رہی ہے چیزیں .. اِدھر ... اُدھر رکھ رہی ہے ... اس وقت تک جب تک جاوید دوسرے سیٹ سے ادھر آسکے ... وہ بیحد خوش اندر داخل ہوتا ہے ... شاہینہ کے ہاتھ میں جو کچھ بھی ہے وہ اس کو چھین کر صوفہ پر پھینک دیتا ہے)

جاوید اب ما بدولت گھر آگئے ہیں .. اس لئے باقی کام بند اور باتیں شروع

شاہینہ میرے پاس فضول باتوں کے لئے وقت نہیں ہے

جاوید (زور سے) مگر ہمارے پاس وقت ہی وقت ہے

شاہینہ آہستہ بولئے ... گڈو اٹھ جائے گا ...

جاوید ارے ہاں شاہینہ ... بڑا خوش نصیب ہے ہمارا گڈو ... اسکے دنیا میں آتے ہی مجھے ترقی مل گئی

شاہینہ آپ کے لئے تو سب کچھ بچہ ہی ہو کر رہ گیا ... میں تو کچھ بھی نہیں رہی ...

جاوید ارے تم کیسی ماں ہو ... اپنے ہی بچے سے جلتی ہو

شاہینہ جلے میری جوتی ...

جاوید فی الحال تم اپنی جلتی ہوئی جوتی کو چولھے سے نکالو... بھوک کی آگ میں میری آنتیں سلگ رہی ہیں.. پہلے ان کی فکر کرو

شاہینہ (اٹھتے ہوئے) میں ابھی آئی...

(شاہینہ اندر چلی جاتی ہے ... کیمرہ ایک خوبصورت سی گڑیا پر جو سیٹ پر ہے... اس گڑیا کا کلوز اپ)

(منظر آہستہ آہستہ فیڈ آوٹ)

گیارہواں منظر

(سیٹ نمبر ۲)

(دوسرا سیٹ آہستہ آہستہ فیڈ ان... جہاں چاروں طرف کھلونے بکھرے پڑے ہیں... جیسے کوئی بچہ ابھی کھیل کر گیا ہو کیمرہ ان سب پر سے Pan کرتا ہوا راجیش پر جو کھڑا ان کھلونوں کو دیکھ رہا ہے... شاہینہ داخل ہوتی ہے... راجیش کو دیکھ کر چہرہ کھل اٹھتا ہے)

شاہینہ ارے راجیش بھیا آپ!

راجیش ہاں بھابی... کہاں ہیں آپ کے بے ملک نواب

شاہینہ گڈو کو کھلونے دلانے گئے ہیں...

راجیش کھلونے!! کیا دوکان کھولنے کا ارادہ ہے

شاہینہ دوکان کیسی... پورا بازار کہئے... جاوید تو جب بھی بازار جاتے ہیں... پوری دوکان سمیٹ لاتے ہیں

راجیش ابھی تو ایک بچہ ہے اس لئے خوب نخرے اٹھالو... مگر بھابھی... یہ سلسلہ دو سے آگے نہیں بڑھنے دینا...

شاہینہ میں سب سمجھتی ہوں بھیا! مگر جاوید...

(کیمرہ جاوید پر... جو دروازے میں کھڑا ہے... ہاتھ میں بہت سے پیکٹ...)

جاوید (اندر آتے ہوئے) میں اس فلسفے کو نہیں مانتا... آپ دونوں کان کھول کر سن لیں... ہر زندگی اپنا مقدر ساتھ لے کر آتی ہے

راجیش (تالی بجاکر) واہ! کیا دو سو سال پرانی بات کر رہے ہو...

شاہینہ بھلے بچے کی طرح یہاں آکر بیٹھو... یہ کیا دروازے سے ہی لڑنا شروع کر دیا...

جاوید (چارپائی پر پیکٹ رکھتے ہوئے) بات یہ ہے شاہینہ! اس آدمی سے میری بہت پرانی دشمنی ہے

راجیش گڈو کہاں ہے میرے جنم جنم کے دشمن!

جاوید راستے میں اسے کملا آنٹی نے اچک لیا

شاہینہ (سب لوگ بیٹھ جاتے ہیں) راجیش بھیا! آج اتفاق سے آپ موجود ہیں... ذرا جاوید کو سمجھا دیجئے... یہ میری بات تو سنی اَن سُنی کر دیتے ہیں

راجیش اس نالائق کی یہ مجال!

جاوید دیکھو شاہینہ! تم اچھی طرح جانتی ہو کہ بچے مجھے بے حد پسند ہیں اور اپنی پسند کے معاملے میں... میں کسی کی نہیں سُنتا!

شاہینہ بچے کسے پسند نہیں ہیں... مگر بحث تو تعداد کی ہے

راجیش — یہ آپ سے مذاق کرتا ہے ... ورنہ آج کون نہیں جانتا کہ بڑھتی ہوئی آبادی ۔۔ پوری دنیا کا مسئلہ ہے

جاوید — میری چھوٹی سی دنیا میں آبادی کا کوئی مسئلہ نہیں ہے

شاہینہ — اس لئے کہ خیر سے ابھی ایک ہی ہے

جاوید — تم ایک کی بات کرتی ہو... اگر دس بھی ہوں گے تو میرے لئے وہ کوئی مسئلہ نہیں ہوں گے

راجیش — کیا تم سنجیدہ ہو

جاوید — مر جانے کی حد تک!

شاہینہ — آپ اکلوتے بیٹے تھے ... آپ کو کیا معلوم ایک بڑے کنبے کے کیا مسائل ہوتے ہیں... کبھی مجھ سے پوچھئے

جاوید — دیکھو شاہینہ ... کما کر لانا اور گھر کی ضروریات پوری کرنا میری ذمے داری ہے

شاہینہ — میں مانتی ہوں

(راجیش حیرت زدہ ... کلوز اپ)

جاوید — تو پھر یہ بھی سن لو ... میرے کتنے ہی بچے ہوں ... وہ سب کے سب اچھی تعلیم پائیں گے ... ان کی ہر فرمائش پوری کیجائیگی ان کے لئے ہر وہ کھلونا لا کر دوں گا جو انھیں پسند ہوگا

(منظر فیڈ آؤٹ)

راوی — جاوید کی زندگی میں ایک وقت ایسا بھی آیا کہ جب اس کے ماں باپ آگے پیچھے اس دنیا سے سدھار گئے ... اب گھر میں اس کے چار بچے تھے اور پانچویں کی آمد آمد تھی

بارھواں منظر

(جاوید اور شاہینہ کا بیڈ روم... کافی خستہ حالت میں۔پردے میلے... پلنگ کی چادریں میلی... دری پھٹی ہوئی... کیمرہ شاہینہ پر... بجھا ہوا چہرہ... آنکھوں کے گرد حلقے... ہاتھ میں جھاڑو.. وہ اس طرح چارپائی کی پٹی سے سر ٹیکے آنکھیں بند کئے زمین پر بیٹھی ہے... جیسے جھاڑو... لگاتے لگاتے تھک گئی ہے... اور پھولی ہوئی سانس قابو میں کر رہی ہے... کپڑے میلے... بال روکھے... کیمرہ پین کرتے ہوئے دروازے پر جہاں جاوید کھڑا ہے... میلی قمیص... اور پتلون... بال بکھرے ہوئے... شیو بڑھا ہوا... ہاتھ میں سبزی کا تھیلہ... وہ چند لمحے شاہینہ کو دیکھتا ہے... آہستہ آہستہ چل کر قریب آتا ہے تھیلہ رکھ کر شاہینہ کے قریب بیٹھ جاتا ہے... پیار سے شاہینہ کے بالوں کو چھوتا ہے... شاہینہ آنکھیں کھولتی ہے... جاوید کو دیکھ کر ایک تھکی سی مسکراہٹ... پیار سے جاوید کا ہاتھ اپنے ہاتھ میں لے لیتی ہے)

جاوید — کیسے بیٹھی ہو

شاہینہ — صفائی کر رہی تھی... چکر آگیا...

جاوید — تم نے ڈاکٹر کو دکھایا

(اقرار میں گردن ہلاتی ہے)

جاوید — کیا کہا اس نے

شاہینہ کہہ رہی تھی کہ خون بننا بالکل بند ہو گیا ہے۔۔ (پھیکی سی مسکراہٹ)

جاوید کچھ اور...

شاہینہ کہہ رہی تھی کہ اگر کسی کے لئے جینے کی آرزو ہے تو اچھی غذا کھاؤ اور پابندی سے علاج کرو

(جاوید ٹھنڈی سانس لے کر چپ ہو جاتا ہے... جیب سے دو سو روپے نکال کر دیتا ہے)

شاہینہ کیسے ہیں ہیں یہ...

جاوید تنخواہ!

شاہینہ صرف دو سو روپے

جاوید میں کمپنی سے اتنا قرضہ لے چکا ہوں کہ آئندہ دو سال تک بس اتنی ہی تنخواہ ملے گی...

شاہینہ اس سے کیا ہوگا جاوید! دو سو سے زیادہ تو بچوں کے اسکول کی فیس ہی ہے

جاوید (ٹھنڈی سانس) ہوں! (سوچ کر) کچھ اور انتظام کروں گا

شاہینہ کیا کریں گے... کچھ اور ادھار لے آئیں گے

جاوید (تھکے ہوئے لہجے میں) تو پھر چوری کرنے کے علاوہ میرے پاس کوئی اور راستہ نہیں ہے

شاہینہ بری بات جاوید! ایک راستہ اور بھی ہے

(جاوید سوالیہ نظروں سے شاہینہ کی طرف دیکھتا ہے)

شاہینہ ہم بچوں کو کسی سستے اسکول میں داخل کرا دیتے ہیں

جاوید شاہینہ! میری ایک ہی تو آرزو ہے کہ اپنے بچوں کو اچھے سے

اچھے پبلک اسکول میں پڑھاؤں

شاہینہ انسان تو آرزوؤں کا پیڑ ہے ... مگر سمجھدار لوگ وہی ہیں۔ جو اپنی چادر کے مطابق پیر پھیلاتے ہیں...

جاوید شاہینہ پلیز! میں نے کہا نا۔ میں کچھ نہ کچھ کروں گا۔

(منظر فیڈ آؤٹ)

تیرھواں منظر

(سیٹ ۔۳)

افسر (موڈ بے حد خراب ۔ جاوید سے جو سامنے کھڑا ہے) میں پوچھتا ہوں یہ آرڈر مہتہ اینڈ مہتہ کے نام سے کیوں نہیں گیا۔ جب کہ میری ہدایات بالکل واضح تھیں

جاوید سر! شاید مجھ سے سمجھنے میں غلطی ہوگئی

افسر یہ کس طرح ممکن ہے

جاوید میں پچھلے دنوں کچھ گھریلو پریشانیوں میں الجھا رہا... شاید پوری توجہ سے آپ کی ہدایات نہیں سن سکا

افسر تمہارا پچھلا ریکارڈ اتنا اچھا ہے کہ میں سوچ بھی نہیں سکتا کہ تم نے ایسا کسی لالچ سے کیا ہوگا

(جاوید سر جھکا لیتا ہے)

افسر اس دفعہ معاف کئے دیتا ہوں ... مگر آئندہ خیال رکھنا

جاوید بہت بہتر...

(منظر فیڈ آؤٹ)

چودھواں منظر

(کیمرہ ڈرائنگ روم کی بے ترتیبی کو دکھاتا ہوا... پس منظر میں بچوں کا شور... جاوید جتنی دیر میں سیٹ نمبر ۳ سے اس پر آسکے... کیمرہ کچھ Props کو دکھاتا ہوا۔ شاہینہ تھکی تھکی کام کرتی ہوئی... جاوید غصے سے اندر آتا ہے)

جاوید (شاہینہ سے) یہ گھر ہے کہ بھٹیارخانہ! ایک لمحہ کے لئے بھی یہاں سکون نہیں ملتا...

شاہینہ آج چھٹی کا دن ہے... اس بھری دوپہری... میں ان کو کہاں بھیج دوں...

جاوید میری بلا سے... تم انھیں جہنم میں بھیج دو... مگر ان کی آوازیں بند کرادو...

شاہینہ کئی دفعہ تو سمجھا چکی ہوں... مگر میری کہاں سنتے ہیں..

جاوید اگر تمہاری نہیں سنتے تو پھر ان کا گلا گھونٹ دو

(بچوں کی آوازیں جاوید کے چیخنے سے خود بخود بند ہو جاتی ہیں)

شاہینہ اتنا غصہ نہیں کرتے جاوید!

جاوید کسی کو احساس نہیں کہ میرے سینے پر کتنا بوجھ ہے... میں کس طرح اندر ہی اندر ٹوٹ کر بکھر رہا ہوں!

(دروازے پر دستک)

شاہینہ　آپ اپنے آپ کو سنبھالئے... میں دیکھتی ہوں کون آیا ہے

(کیمرہ شاہینہ کو Follow کرتا ہوا... وہ دروازہ کھولتی ہے... راجیش اندر آتا ہے... شاہینہ اس کو دیکھ کر ایک دم خوش)

شاہینہ　ارے راجیش بھیا آپ... کدھر سے راستہ بھول پڑے۔

راجیش　راستہ بھول کر ہی سہی... مگر آتو جاتا ہوں... مگر آپ لوگ کبھی راستہ بھی نہیں بھولتے

شاہینہ　ارے آپ نے تو آتے ہی لڑنا شروع کر دیا... آپ جاوید کے پاس بیٹھئے... میں چائے بنا کر لاتی ہوں

(شاہینہ کیمرے کے فریم سے نکل جاتی ہے... راجیش جاوید کے پاس بیٹھ جاتا ہے... جو سر جھکائے خاموش بیٹھا ہے)

راجیش　کیا بات ہے... کیوں منہ لٹکائے بیٹھے ہو

جاوید　کچھ نہیں...

راجیش　(جیسے اچانک کچھ یاد آجائے) ارے ہاں جاوید... تم تو کہہ رہے تھے کہ تم نے پرویژن اسٹور والے کا ادھار چکا دیا ہے

(جاوید خاموش رہتا ہے)

راجیش　جواب دو جاوید... تمہیں کم از کم مجھ سے جھوٹ نہیں بولنا چاہئے تھا...

جاوید　(تلخی سے) مجھے احساس ہے کہ تمہاری ضمانت پر مجھے ادھار ملتا ہے... بے فکر رہو... میں چند روز میں اس کی پائی پائی چکا دوں گا!

راجیش　تمہارا دماغ تو ٹھیک ہے جاوید یار... تم سمجھتے ہو کہ میں اس کی طرف

سے تقاضہ کر رہا ہوں... مجھے یہ اچھا نہیں لگا کہ وہ تمہارا نام لیکر تقاضہ کرے ... اگر تمہیں ضرورت تھی تو تم مجھ سے کہہ سکتے تھے جہانتک پیسوں کا تعلق ہے... وہ میں نے ادا کر دئے ہیں۔

جاوید: تم یہ جتلانے آئے ہو کہ تم نے ایک اور احسان مجھ پر کر دیا ہے۔ تمہارے قرض کا کچھ اور بوجھ میری گردن پر ہو گیا ہے

راجیش: (غصّے سے) جاوید!

(کیمرہ شاہینہ پر جو چائے کی ٹرے لئے کھڑی ہے... پریشان)

جاوید: بیجھوٹ مت راجیش! میں اپنے سینے پر تمہارے قرض کا بوجھ لے کر نہیں مروں گا...

راجیش: بھگوان کے لئے اپنی کڑوی زبان بند کرو جاوید... ورنہ میں تمہاری صورت کبھی نہیں دیکھوں گا!

جاوید: (طنز سے) میری صورت میں اب دیکھنے کے لئے رکھا بھی کیا ہے اس پر قرض... ذلت اور بدنامی کی مہر لگ چکی ہے

راجیش: (اٹھ کر) تم بیمار ہو جاوید... ذہنی بیمار... وہ دوستی جسے اب تم الزام سمجھنے لگے ہو... اسی کے ناطے سے کہہ رہا ہوں... اپنا خیال رکھو...

(راجیش چلا جاتا ہے)

(شاہینہ ٹرے رکھ کر)

شاہینہ: راجیش بھیّا! (دوڑ کر جاوید کے پاس آتے ہوئے) انھیں روکئے نا... راجیش بھیّا جا رہے ہیں

(جاوید دونوں بازوؤں میں سر چھپائے بیٹھا رہتا ہے... شاہینہ پیار

سے اس کے بالوں میں انگلیوں سے کنگھی کرتی رہتی ہے ... جاوید آہستہ آہستہ اوپر سر اٹھاتا ہے... آنکھیں سرخ ...)

جاوید شاہینہ! ہر خوشی ایک ایک کر کے مجھے چھوڑ گئی ... تم مجھے چھوڑ کر کیوں نہیں چلی جاتیں

شاہینہ توبہ! کیسی باتیں کرتے ہیں آپ! کیا میں بھول سکتی ہوں کہ آپ نے مجھے اس وقت قبول کیا تھا جب آپ کے پاس سب کچھ تھا اور میں خالی ہاتھ تھی

(جاوید شاہینہ کی طرف دیکھتا ہے)

شاہینہ اس طرح کیا دیکھ رہے ہیں میری طرف!

جاوید تمہاری صورت دیکھ کر کوئی کہہ سکتا ہے کہ تم ابھی تیس برس کی بھی نہیں ہو

شاہینہ عمر سے کیا ہوتا ہے... لوگ یہ جانتے ہیں کہ میں پانچ بچوں کی ماں ہوں... اور چھٹا آنے والا ہے

جاوید اس کی آمد کے تصور ہی سے میرا دل لرز اٹھتا ہے...

شاہینہ آپ پریشان نہ ہوں... یہ بچہ خیر سے ہو جائے تو آپ میرا آپریشن کرا دیجئے... پھر میں بھی نوکری کر لوں گی

جاوید تمہاری صحت شاہینہ! مجھے بہت فکر رہتی ہے...

شاہینہ آپ ہر فکر کو دل سے نکال دیجئے... میں بہت سخت جان ہوں ... مجھے کچھ نہیں ہو گا

(منظر فیڈ آؤٹ)

پندرھواں منظر

(راجیش جاوید کے گھر میں ہے ..کچن سے چائے بنا کر لایا ہے..
میز پر رکھتا ہے ... آواز دیتا ہے)

راجیش جاوید! ادھر آؤ...

(تھوڑی دیر بعد جاوید سر جھکائے ہوئے آتا ہے... راجیش پیار سے
کمر پر ہاتھ رکھ کر)

راجیش لو چائے پی لو...

جاوید سچ راجیش بالکل دل نہیں چاہتا

راجیش میں سمجھتا ہوں جاوید... تمہیں بھابی کی موت کا کتنا صدمہ ہوگا

جاوید یقین مانو راجیش... مجھے شاہینہ کی موت کا کوئی صدمہ نہیں ہے

راجیش تم اس طرح کی باتوں سے مجھے نہیں بہلا سکتے

جاوید میں سچ کہہ رہا ہوں راجیش... شادی کے پہلے تین سال کو چھوڑ کر اس گھر میں اسے کبھی سکھ نہیں ملا... وہ میری محبوبہ تھی... رفیق حیات تھی... میں نے ان سب کا گلا گھونٹ کر ان کی جگہ بچے پیدا کرنے کی مشین رکھ دی

راجیش اچھا یہ ذکر چھوڑو... لو چائے پیو (چائے دیتا ہے)

(جاوید چائے پیتا ہے)

جاوید کچھ پیسوں کی ضرورت تو نہیں ہے

جاوید تمہارے پہلے ہی بارہ ہزار باقی ہیں...

راجیش بکومت! میرا کچھ باقی نہیں ہے۔۔ یہ بتاؤ کچھ اور ضرورت ہے...

جاوید (سوچ کر) نہیں...

راجیش تمہیں جھوٹ بولنا بھی نہیں آتا...

(جیب سے روپے نکال کر اسکی جیب میں رکھ دیتا ہے)

جاوید کوشش تو بہت کرتا ہوں

راجیش اگر تم خط لکھتے رہتے تو حالات کبھی اتنے نہ بگڑتے

جاوید تم میرے حالات جانتے ہو

راجیش میں تم سے شکایت تو نہیں کر رہا۔۔ دکھ سکھ کے وقت تو اپنوں کو یاد کر لیا کرو

جاوید (آنکھوں میں آنسو) میں کوشش کروں گا راجیش

راجیش میں جانتا ہوں تم بہت عالی ہمت ہو... ان اندھیروں سے گھبرانا نہیں...

جاوید اب گھبرانا کیسا ... یہ اندھیرے تو مجھے نگل چکے ہیں راجیش!

(منظر فیڈ آؤٹ)

سولھواں منظر

(سیٹ ۳)

(افسر کے سامنے ایک فائل ہے۔۔ غصے میں ہے... کاغذات الٹتا ہے... اور ایک کاغذ پر رک جاتا ہے۔۔ دوسرا کاغذ... پارہ چڑھتا ہوا... انٹرکوم پر)

افسر جاوید کو اندر بھیج دو

(جاوید گھبرایا ہوا اندر داخل ہوتا ہے)

جاوید یس سر!

افسر میں تین دفعہ تمہیں معاف کر چکا ہوں... پہلے شبہ تھا مگر اب یقین ہو گیا ہے کہ کمپنی کی طرف سے جتنے بھی آرڈر غلط لوگوں کو دئے گئے ہیں... وہ سب تمہاری سوچی سمجھی حرکت کا نتیجہ تھے

جاوید وہ... وہ شاید...

افسر اب یہ ایکٹنگ رہنے دو... تمہارے خلاف یہ گیارہویں شکایت ہے... میری اطلاع کے مطابق تم رشوت لیتے رہے ہو... کمپنی کا روپیہ بغیر اجازت خرچ کیا ہے تم نے... کس کس جرم سے انکار کرو گے تم...

جاوید میں کسی جرم سے انکار نہیں کرتا سر! میری ضرورتیں مجھ پر حاوی ہو گئی تھیں... میں برا آدمی نہیں ہوں۔ برائی سے مجھے آج بھی نفرت ہے

افسر اس سے بہتر تھا کہ تم اُن ضرورتوں کا گلا گھونٹ دیتے

جاوید (کھوئے ہوئے لہجے میں) میں انکا گلا گھونٹ دیتا

افسر ہاں... اب تم جا سکتے ہو... جاتے وقت کیشئیر سے حساب کرتے جانا...

جاوید جی... میں سمجھا نہیں سر!

افسر میں نے تمہیں نوکری سے الگ کر دیا ہے

(منظر بدلتا ہے)

ستھرواں منظر

راوی جاوید نے زندگی کی گاڑی کھینچنے کے لئے کئی چھوٹے موٹے کام کئے ... مگر شاہینہ کی موت کے بعد وہ بالکل تنہا رہ گیا۔ ان بے ماں کے بچوں پر کبھی اس کو پیار آتا تو کبھی شدید غصّہ!

(فلم شروع ہوتی ہے آواز راوی کی مگر پس منظر سے)

راوی آج شام وہ بازار سے گزر رہا تھا... (بازار کا منظر) اس کا ایک بیٹا انگلی تھامے اس کے ساتھ تھا... مٹی کے سستے کھلونوں کی دوکان دیکھ کر وہ مچل گیا (کھلونے والا زمین پر کھلونے لئے بیٹھا ہوا) اور ضد کرنے لگا میں سانپ لوں گا...

(کیمرہ جاوید پر... آواز پہلے سے ریکارڈ کی ہوئی۔ جاوید کے چہرے پر صرف تاثرات)

جاوید رینگتے ہوئے کیڑو... زہریلے سانپ! تم سب شاہینہ کے قاتل ہو... میری شاہینہ کو ڈس گئے... میرے وقار۔ عزت اور سکون کو ڈس گئے

(جاوید بچے کو سر سے اونچا اٹھاتا ہے)

راوی (کیمرہ راوی پر) اس کے بعد کیا ہوا آپ سب جانتے ہیں... جاوید حوالات میں ہے یا پاگل خانے میں... بچہ زندہ ہے... یا مر گیا... دوکاندار کو پیسے ملے یا نہیں... ایسے بہت سے سوالات آپ کے ذہن میں ابھرے ہوں گے...

(ہنستا ہے...)

اچھا لیجئے ایک چھوٹی سی کہانی آپ کو سناتا ہوں... شاید اس میں آپ کو اپنے تمام سوالات کا جواب مل جائے۔ کہانی کچھ یوں ہے

ایک کمہار تھا... اسے کھلونے بنانے کا بہت شوق تھا... ایک دن جو اُسے جنون سوار ہوا تو اس نے اتنے کھلونے بنائے کہ اس کا پورا گھر ان سے بھر گیا... یہاں تک کہ اسے فالتو کھلونے سکھانے کے لئے گلی میں رکھنے پڑے اچانک ایک طرف سے ایک سانڈ بھاگتا ہوا آیا... اور بہت سے کھلونے چکنا چور ہو گئے۔

(چند لمحوں کے لئے خاموش رہ کر مگر اس طرح کہ اس کی نظریں کیمرے کے لینس پر رہیں...)

آپ خاموشی سے میری طرف کیا تک رہے... کہانی ختم ہو گئی جناب! ڈھونڈیے اب اس میں اپنے سوالوں کے جواب... مگر ہاں... اب آپ سوچ رہے ہوں گے... اس کمہار کا کیا ہوا

اس کا کیا ہوتا

وہ تھک کر اپنے چاک پر گر پڑا

—— X ——